AF389280

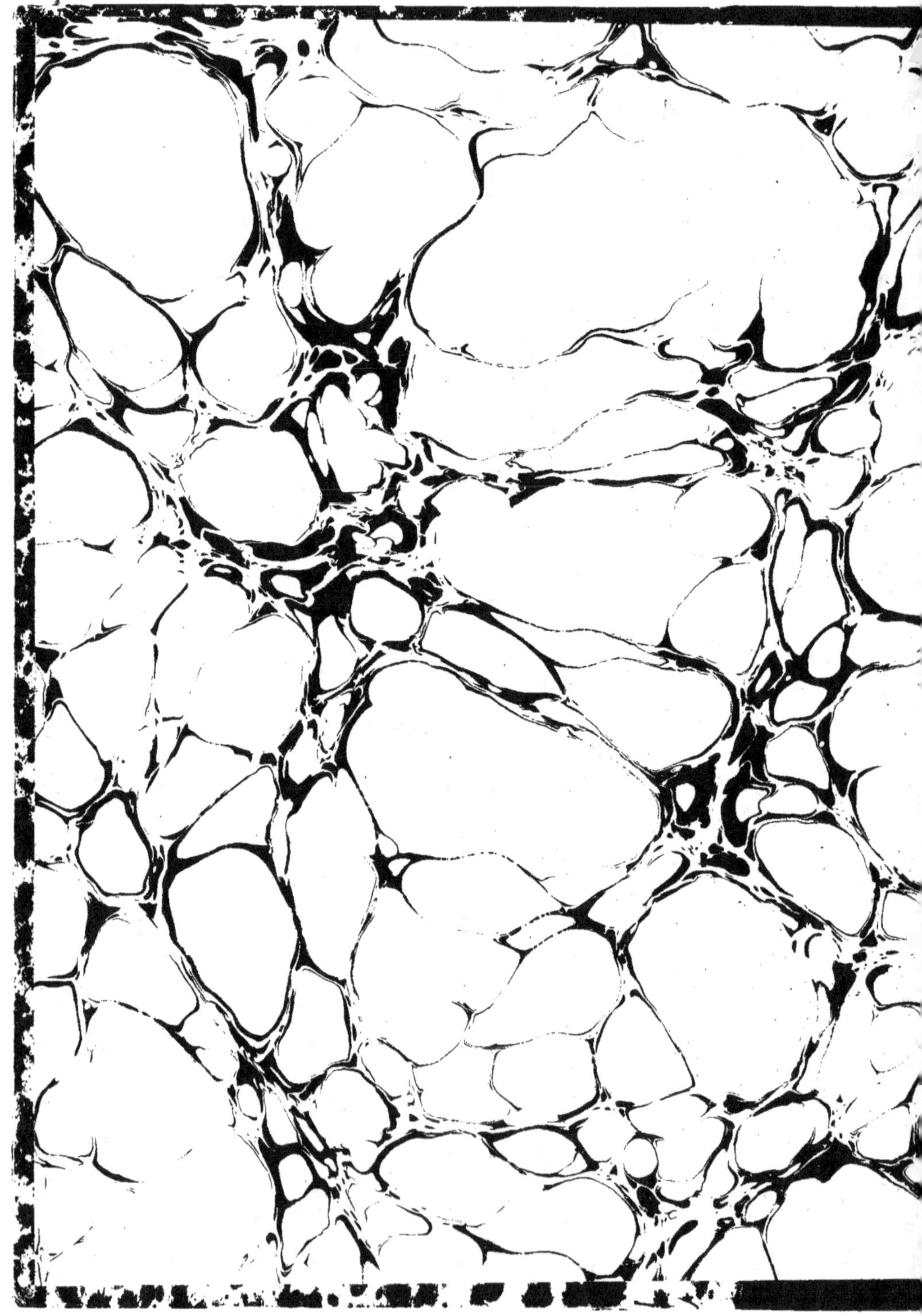

CLAUDE DEBUSSY

Monsieur Croche
Antidilettante

Les Bibliophiles Fantaisistes

Librairie	Nouvelle
DORBON-AINÉ	REVUE FRANÇAISE
19, Bd Haussmann	35-37, rue Madame

PARIS
1921

MONSIEUR CROCHE
ANTIDILETTANTE

CLAUDE DEBUSSY

MONSIEUR CROCHE
ANTIDILETTANTE

Les Bibliophiles Fantaisistes

Librairie	Nouvelle
DORBON - AINÉ	**REVUE FRANÇAISE**
19, Bd Haussmann	35-37, rue Madame

PARIS
1921

*Cette édition originale a été tirée
à 500 exemplaires numérotés de
1 à 500. Il a été tiré en outre
50 exemplaires sur papier Edogawa
du Japon ; ceux-ci, accompagnés
d'un portrait de l'auteur gravé au
vernis-mou, sont numérotés de I à L.*

Justification du tirage :

EXEMPLAIRE N° 23

AVERTISSEMENT DE L'ÉDITEUR

Les premières épreuves de ce livre étaient corrigées quand la guerre survint. La ville où il devait être imprimé se trouva en territoire envahi. D'où le retard qui malheureusement a suffi pour en faire un ouvrage posthume.

I

MONSIEUR CROCHE
ANTIDILETTANTE.

La soirée était charmante et je m'étais décidé à ne rien faire... (pour être poli, mettons que je rêvais). En réalité, ce n'étaient pas de ces minutes admirables dont on parle plus tard avec attendrissement et avec la prétention qu'elles avaient préparé l'Avenir. Non... c'étaient des minutes vraiment sans prétention, elles étaient simplement de « bonne volonté ».

Je rêvais... Se formuler... ? Finir des œuvres... ? Autant de points d'interrogation posés par une enfantine vanité, besoin de se débarrasser à tout prix d'une idée avec laquelle on a trop vécu ; tout cela cachant assez mal la sotte manie de se montrer supérieur aux autres. Etre supérieur aux autres n'a jamais représenté un grand effort si l'on n'y joint pas le beau désir d'être supérieur à soi-même... Seulement c'est une alchimie plus particulière et à laquelle il faut offrir sa chère petite personnalité en holocauste... C'est dur à soutenir, et absolument improductif. Par ailleurs, solliciter l'assentiment unanime représente un temps considérable perdu en de constantes manifestations ou d'inlassables propagandes; on peut y gagner le droit de faire partie d'un paquet de grands hommes dont on échange les noms pour ranimer de languissantes conversations d'art... Je ne voudrais pas insister, afin de ne décourager personne.

La soirée continuait à être charmante ; mais, on a pu s'en apercevoir, je ne m'aimais pas... je me perdais de vue et me voyais dans les idées générales les plus fâcheuses.

C'est à ce moment précis que l'on sonna à ma porte et que je fis la connaissance de M. Croche. Son entrée chez moi se compose d'incidents naturels ou absurdes dont le détail alourdirait inutilement l'intérêt de ce récit.

M. Croche avait une tête sèche et brève, des gestes visiblement entraînés à soutenir des discussions métaphysiques; on peut situer sa physionomie en se rappelant les types du jockey Tom Lane et de M. Thiers. Il parlait très bas, ne riait jamais, parfois il soulignait sa conversation par un muet sourire qui commençait par le nez et ridait toute sa figure comme une eau calme dans laquelle on jette un caillou. C'était long et insupportable.

Tout de suite, il sollicita ma curiosité par une vision particulière de la musique. Il parlait d'une partition d'orchestre comme d'un tableau, sans presque jamais employer de mots techniques, mais des mots inhabituels, d'une élégance mate et un peu usée qui semblait avoir le son des vieilles médailles. Je me souviens du parallèle qu'il fit entre l'orchestre de Beethoven représenté pour lui par une formule blanc et noir, donnant par conséquent la gamme exquise des gris, et celui de Wagner : une espèce de mastic multicolore étendu presque uniformément et dans laquelle il me disait ne plus pouvoir distinguer le son d'un violon de celui d'un trombone.

Comme son insupportable sourire se manifestait particulièrement aux moments où il parlait de musique, je m'avisai tout à coup de lui demander sa profession. Il me répondit d'une voix qui tuait toute tentative de critique : « Antidilettante... » et continua sur un ton monotone et exaspéré : « Avez-
» vous remarqué l'hostilité d'un public de salle de
» concert ? Avez-vous contemplé ces faces grises
» d'ennui, d'indifférence, ou même de stupidité ?
» Jamais elles ne font partie des purs drames qui
» se jouent à travers le conflit symphonique où
» s'entrevoit la possibilité d'atteindre au faîte de
» l'édifice sonore et d'y respirer une atmosphère
» de beauté complète ? Ces gens, monsieur, ont

» toujours l'air d'être des invités plus ou moins
» bien élevés : ils subissent patiemment l'ennui de
» leur emploi, et s'ils ne s'en vont pas, c'est qu'il
» faut qu'on les voie à la sortie; sans cela, pourquoi
» seraient-ils venus? — Avouez qu'il y a de quoi
» avoir à jamais l'horreur de la musique »... Comme
j'arguais d'avoir assisté et même participé à des
enthousiasmes très recommandables, il répondit :
« Vous êtes plein d'erreurs, et si vous manifestiez
» tant d'enthousiasme, c'était avec la secrète pensée
» qu'un jour on vous rendrait le même honneur !
» Sachez donc bien qu'une véridique impression de
» beauté ne pourrait avoir d'autres effets que le
» silence...? Enfin, voyons ! quand vous assistez à
» cette féerie quotidienne qu'est la mort du soleil,
» avez-vous jamais eu la pensée d'applaudir? Vous
» m'avouerez que c'est pourtant d'un développement
» un peu plus imprévu que toutes vos petites his-
» toires sonores? Il y a plus... vous vous sentez trop
» chétif et vous ne pouvez pas y incorporer votre
» âme. Mais, devant une soi-disant œuvre d'art, vous
» vous rattrapez, vous avez un jargon classique qui
» vous permet d'en parler d'abondance. » Je n'osai
pas lui dire que j'étais assez près d'être de son avis,
rien ne desséchant la conversation comme une
affirmation; j'aimai mieux lui demander s'il faisait
de la musique. Il releva brusquement la tête en
disant : « Monsieur, je n'aime pas les spécialistes.

» Pour moi, se spécialiser, c'est rétrécir d'autant son
» univers et l'on ressemble à ces vieux chevaux qui
» faisaient tourner anciennement la manivelle des
» chevaux de bois et qui mouraient aux sons bien
» connus de la *Marche Lorraine* ! Pourtant, je
» connais toute la musique et n'en ai retenu que le
» spécial orgueil d'être assuré contre toute espèce
» de surprise... Deux mesures me livrent la clef
» d'une symphonie ou de toute autre anecdote
» musicale.

» Voyez-vous ! Si l'on peut constater chez quel-
» ques grands hommes une « obstinée rigueur » à
» se renouveler, il n'en va pas ainsi chez beaucoup
» d'autres, qui recommenceront obstinément ce qu'ils
» avaient réussi une fois ; et leur habileté m'est
» indifférente. On les a traités de maîtres ! Prenez
» garde que cela ne soit qu'une façon polie de s'en
» débarrasser ou d'excuser de trop pareilles manœu-
» vres. — En somme, j'essaie d'oublier la musique,
» parce qu'elle me gêne pour entendre celle que je
» ne connais pas ou connaîtrai « demain »... Pour-
» quoi s'attacher à ce que l'on connaît trop bien?

Je lui parlai des plus notoires parmi les contemporains ; il fut plus agressif que jamais... « Je suis
» curieux des impressions sincères et loyalement res-
» senties beaucoup plus que de la critique, celle-ci
» ressemblant trop souvent à des variations brillantes
» sur l'air de : « Vous vous êtes trompé parce que

» vous ne faites pas comme moi », ou bien : «Vous
» avez du talent, moi je n'en ai aucun, ça ne peut pas
» continuer plus longtemps »... J'essaie de voir, à tra-
» vers les œuvres, les mouvements multiples qui les
» ont fait naître et ce qu'elles contiennent de vie
» intérieure ; n'est-ce pas autrement intéressant que
» le jeu qui consiste à les démonter comme de
» curieuses montres ?

» Les hommes se souviennent mal qu'on leur
» a défendu, étant enfants, d'ouvrir le ventre des
» pantins... (c'est déjà un crime de lèse-mystère) : ils
» continuent à vouloir fourrer leur esthétique nez là
» où il n'a que faire. S'ils ne crèvent plus de pantins,
» ils expliquent, démontent et, froidement, tuent le
» mystère : c'est plus commode et alors on peut
» causer. Mon Dieu, une incompréhension notoire
» excuse les uns ; quelques autres, plus féroces, y
» mettent de la préméditation : il faut bien défendre
» sa chère petite médiocrité... Ces derniers ont une
» clientèle fidèle.

» Je m'occupe fort peu des œuvres consacrées
» soit par le succès, soit par la tradition ; une fois
» pour toutes, Meyerbeer, Thalberg, Reyer... sont
» des hommes de génie, ça n'a pas autrement d'im-
» portance.

» Les dimanches où le bon Dieu est gentil, je
» n'entends aucune musique ; je vous en fais toutes
» mes excuses... Enfin, veuillez vous en tenir au mot

» « Impressions », auquel je tiens pour ce qu'il me
» laisse la liberté de garder mon émotion de toute
» esthétique parasite.

» Vous avez une tendance à grossir des événe-
» ments qui auraient semblé naturels, par exemple,
» à l'époque d'un Bach. — Vous me parlez de la
» sonate de M. P. Dukas ; il est probablement de
» vos amis, et même critique musical ? Autant de
» raisons pour se dire du bien. On vous a pourtant
» dépassé dans l'éloge, et M. Pierre Lalo, dans un
» feuilleton du journal *le Temps* exclusivement con-
» sacré à cette sonate, lui sacrifiait du même coup
» celles qu'écrivirent Schumann et Chopin. Certes,
» la nervosité de Chopin sut mal se plier à la patience
» qu'exige la confection d'une sonate; il en fit plutôt
» des « esquisses très poussées ». On peut tout de
» même affirmer qu'il inaugura une manière per-
» sonnelle de traiter cette forme, sans parler de la
» délicieuse musicalité qu'il inventait à cette occa-
» sion. C'était un homme à idées généreuses, il en
» changeait souvent sans en exiger un placement à
» cent pour cent qui est la gloire la plus claire de
» quelques-uns de nos maîtres.

» Naturellement M. P. Lalo ne manque pas
» d'évoquer la grande ombre de Beethoven à propos
» de la sonate de votre ami Dukas. A sa place, j'en
» aurais été médiocrement flatté! Les sonates de
» Beethoven sont très mal écrites pour le piano ;

» elles sont plus exactement, surtout les dernières,
» des transcriptions d'orchestre ; il manque souvent
» une troisième main que Beethoven entendait cer-
» tainement, du moins je l'espère. Il valait mieux
» laisser Schumann et Chopin tranquilles : ceux-là
» écrivirent réellement pour le piano et, si cela
» paraît mince à M. P. Lalo, il peut au moins leur
» être reconnaissant d'avoir préparé la perfection
» que représentent un Dukas... et quelques autres. »

Ces derniers mots furent exprimés par M. Croche avec une imperturbable froideur : c'était à prendre ou à jeter par les fenêtres. J'étais trop intéressé et le laissai continuer, après un long silence pendant lequel il parut ne plus vivre que par la fumée de son cigare, dont curieusement il regardait monter la spirale bleue, semblant y contempler de curieuses déformations... peut-être d'audacieux systèmes... Son silence interloquait et effrayait un peu... Il reprit : « La musique est un total de forces
» éparses... On en fait une chanson spéculative !
» J'aime mieux les quelques notes de la flûte d'un
» berger égyptien, il collabore au paysage et entend
» des harmonies ignorées de vos traités... Les mu-
» siciens n'écoutent que la musique écrite par des
» mains adroites ; jamais celle qui est inscrite
» dans la nature. Voir le jour se lever est plus utile
» que d'entendre la Symphonie Pastorale. A quoi bon
» votre art presque incompréhensible ? Ne devriez-

» vous pas en supprimer les complications parasites
» qui l'assimilent pour l'ingéniosité à une serrure de
» coffre-fort... Vous piétinez parce que vous ne savez
» que la musique et obéissez à des lois barbares et
» inconnues... On vous salue d'épithètes somptueuses
» et vous n'êtes que malins ! Quelque chose entre le
» singe et le domestique. »

J'osai lui dire que des hommes avaient cherché, les uns dans la poésie, les autres dans la peinture (à grand'peine j'y ajoutai quelques musiciens) à secouer la vieille poussière des traditions, et que cela n'avait eu d'autre résultat que de les faire traiter de symbolistes ou d'impressionnistes; termes commodes pour mépriser son semblable... « Ce sont
» des journalistes, des gens de métier qui les trai-
» tèrent ainsi, continuait M. Croche sans broncher,
» ça n'a aucune importance. Une idée très belle,
» en formation, contient du ridicule pour les imbé-
» ciles... Soyez certain qu'il y a une espérance de
» beauté plus certaine dans ces hommes ridiculisés,
» que dans cette espèce de troupeau de moutons
» qui docilement s'en va vers les abattoirs qu'une
» fatalité clairvoyante leur prépare.

» Rester unique... sans tare... — L'enthousiasme
» du milieu me gâte un artiste, tant j'ai peur qu'il
» ne devienne par la suite que l'expression de son
» milieu.

» Il faut chercher la discipline dans la liberté

» et non dans les formules d'une philosophie devenue
» caduque et bonne pour les faibles. N'écouter les
» conseils de personne, sinon du vent qui passe et
» nous raconte l'histoire du monde. »

A ce moment, M. Croche parut s'éclaircir : il
me semblait que je voyais en lui, et j'entendais ses
paroles comme une musique inouïe. Je ne puis en
transcrire convenablement l'éloquence spéciale. Peut-
être ceci...

« Savez-vous une émotion plus belle qu'un
» homme resté inconnu le long des siècles, dont on
» déchiffre par hasard le secret?... — Avoir été un
» de ces hommes... voilà la seule forme valable de
» la gloire. »

Le jour se levait ; M. Croche était visiblement
fatigué, et il s'en alla. Je l'accompagnai jusqu'à la
porte palière ; il ne pensa pas plus à me serrer la
main que je ne songeai à le remercier. Longtemps,
j'écoutai le bruit de son pas qui diminuait, étage
par étage. Je n'osais espérer le revoir jamais.

II

ENTRETIEN SUR LE PRIX DE ROME
ET M. SAINT-SAËNS

Je m'étais attardé dans les campagnes rem-
plies d'automne où me retenait invinciblement la
magie des vieilles forêts. De la chute des feuilles
d'or célébrant la glorieuse agonie des arbres, du
grêle angelus ordonnant aux champs de s'endormir,
montait une voix douce et persuasive qui conseillait le plus parfait oubli. Le soleil se couchait tout
seul sans que nul paysan songeât à prendre, au
premier plan, une attitude lithographique. Bêtes et
gens rentraient paisibles, ayant accompli une besogne anonyme dont la beauté avait ceci de spécial
qu'elle ne sollicitait pas plus l'encouragement que
la désapprobation... Elles étaient loin, les discussions d'art où des noms de grands hommes prennent
parfois l'apparence de « gros mots ». Elle était

oubliée la petite fièvre artificielle et mauvaise des
« premières » ; j'étais seul et délicieusement désintéressé ; peut-être n'ai-je jamais plus aimé la musique
qu'à cette époque où je n'en entendais jamais parler.
Elle m'apparaissait dans sa beauté totale et non
plus par petits fragments symphoniques ou lyriques
surchauffés et étriqués. Je pensais parfois à
M. Croche : il a cet aspect correct et fantômal que
l'on peut adapter à n'importe quel paysage sans en
contrarier les lignes. Pourtant il me fallut quitter
cette joie tranquille et revenir, poussé par cette
superstition des villes qui fait que tant d'hommes
aiment encore mieux y être broyés que de ne pas
faire partie de ce « mouvement » dont ils sont
d'ailleurs les douloureux et inconscients rouages.
Je remontais dans un vilain crépuscule la monotonie
élégante du boulevard Malesherbes quand j'aper-
çus la brève silhouette de M. Croche ; m'autorisant
de ses façons singulières, je marchai près de lui
sans plus de formules. Un bref coup d'œil m'assura
de son acceptation et bientôt il se mit à parler de
cette voix lointaine d'asthmatique qu'exagérait
encore la crudité de l'air et qui timbre si curieusement ses moindres paroles...

« Parmi les institutions dont la France s'honore,
» en connaissez-vous une qui soit plus ridicule que
» l'institution du prix de Rome ? On l'a déjà, je le
» sais, beaucoup dit, encore plus écrit ; cela sans

» effet bien apparent, puisqu'elle continue avec cette
» déplorable obstination qui distingue les idées ab-
» surdes?... » — J'osai lui répondre que cette institution prenait peut-être ses forces dans le fait
qu'elle était parvenue à l'état de superstition dans
certains milieux... Avoir eu ou ne pas avoir eu le
prix de Rome résolvait la question de savoir si on
avait, oui ou non, du talent. Si ça n'était pas très
sûr, c'était du moins commode et l'on préparait
pour l'opinion publique une comptabilité facile à
tenir. M. Croche siffla entre ses dents, mais pour
lui-même, je pense... « Oui, vous avez eu le prix de
» Rome... Remarquez, monsieur, que j'admets fort
» bien que l'on facilite à des jeunes gens de voyager
» tranquillement en Italie et même en Allemagne,
» mais pourquoi restreindre le voyage à ces deux
» pays ? Pourquoi surtout ce malencontreux diplôme
» qui les assimile à des animaux gras ?

» Le prix de Rome est un jeu ou plutôt un sport
» national. On en apprend les règles dans des endroits
» nommés : Conservatoire, Ecole des Beaux-Arts, etc.

» Les parties, précédées d'un sévère entraînement
» se jouent une fois par an ; les arbitres du jeu sont
» les membres de l'Institut, d'où il ressort ce fait
» curieux que MM. W. Bouguereau, J. Massenet
» jugent indifféremment ces parties, qu'elles se jouent
» en musique, peinture, sculpture, architecture, gra-
» vure ; on n'a pas encore songé à leur adjoindre un

» danseur, ce qui serait logique, Terpsichore n'étant
» pas la plus négligeable des neuf Muses.

» Sans vouloir discréditer l'institution du prix
» de Rome, on peut au moins en affirmer l'impré-
» voyance... je veux dire par cela qu'on abandonne
» froidement de très jeunes gens aux tentations char-
» mantes d'une entière liberté dont, au surplus, ils
» ne savent que faire... Qu'ils accomplissent les termes
» du formulaire réglant la marche des « envois de
» Rome » et les voilà quittes de toute autre préoc-
» cupation. Or, en arrivant à Rome, on ne sait pas
» grand'chose, — tout au plus sait-on son métier ! —
» et l'on voudrait que ces jeunes gens, déjà trou-
» blés par un complet changement de vie, se donnent
» à eux-mêmes les leçons d'énergie nécessaires à
» une âme d'artiste. C'est impossible ! Et si l'on peut
» lire le rapport annuel sur les envois de Rome, on
» s'étonnera de la sévérité de ses termes ; ça n'est
» pas la faute des pensionnaires si leur esthétique
» est un peu en désordre, mais bien celle de ceux
» qui les envoient dans un pays où tout parle de l'art
» le plus pur, en les laissant libres d'interpréter cet
» art à leur guise.

» Au surplus, le flegme académique, avec lequel
» ces messieurs de l'Institut désignent celui d'entre
» tous ces jeunes gens qui sera artiste, me frappe
» par son ingénuité. Qu'en savent-ils ? Eux-mêmes
» sont-ils bien sûrs d'être des artistes ? Où prennent-

» ils donc le droit de diriger une destinée aussi
» mystérieuse? Vraiment, il semble qu'en ce cas,
» ils feraient mieux de s'en remettre au simple jeu
» de la « courte paille », qui sait? le hasard est parfois
» si spirituel... Mais non, il faut chercher ailleurs...
» Ne pas juger sur des œuvres de commande et d'une
» forme telle qu'il est impossible de savoir exacte-
» ment si ces jeunes gens savent leur métier de
» musicien... Qu'on leur donne, si l'on y tient abso-
» lument, un « certificat de hautes études », mais
» pas un certificat « d'imagination », c'est inutile-
» ment grotesque! Cette formalité une fois remplie,
» qu'ils voyagent à travers l'Europe, qu'ils se choi-
» sissent eux-mêmes un maître ou, s'ils le peuvent
» rencontrer, un brave homme qui leur apprenne
» que l'art n'est pas nécessairement borné aux
» monuments subventionnés par l'Etat ! » —
M. Croche s'interrompit pour tousser misérablement
et s'excuser auprès de son cigare éteint... « Nous
» luttons, dit-il en montrant son cigare, lui s'éteint,
» me reprochant ironiquement de trop parler, et
» m'avertit qu'il finira bien par m'ensevelir « sous
» sa cendre accumulée ». C'est, avouez-le, un bûcher
» d'un panthéisme charmant, cela commente douce-
» ment qu'il ne faut pas se croire absolument né-
» cessaire, et qu'on doit admettre la brièveté de la vie
» comme l'enseignement le plus utile... » — Puis, se
retournant brusquement vers moi : — « J'étais chez

» Lamoureux le dimanche où l'on a sifflé votre
» musique. Il vous faut remercier les gens d'avoir été
» assez passionnés pour assumer la fatigue de souffler
» dans des clefs généralement inaptes à devenir des
» instruments de combat, celles-ci se considérant
» avec justesse comme des instruments domestiques.
» La façon de souffler entre leurs doigts des jeunes
» garçons bouchers est beaucoup plus recomman-
» dable.... (On n'a jamais fini d'apprendre....)
» M. Chevillard montrait une fois de plus, à cette
» occasion, une merveilleuse et multiple compré-
» hension de la musique. Quant à la Symphonie avec
» chœurs, il a l'air de la jouer à lui tout seul, tant il y
» a de vigoureuse mise en place dans cette exécution :
» cela dépasse les éloges que l'on a coutume de
» faire. »

Je ne pouvais qu'acquiescer; j'ajoutai seulement
que, faisant de la musique pour servir celle-ci le
mieux qu'il m'était possible et sans autres préoccupations, il était logique qu'elle courût le risque de
déplaire à ceux qui aiment « une musique » jusqu'à
lui rester jalousement fidèles malgré ses rides ou
ses fards !

« Les gens dont nous parlons — reprit-il — ne
» sont pas coupables. Accusez plutôt les artistes qui
» accomplissent la triste besogne de servir et d'en-
» tretenir le public dans une nonchalance voulue...
» A ce méfait, ajoutez que ces mêmes artistes surent

» combattre pendant un instant, juste ce qu'il fallait
» pour conquérir leur place sur le marché; mais une
» fois la vente de leurs produits assurée, vivement
» ils rétrogradent, semblant demander pardon au
» public de la peine que celui-ci avait eue à les
» admettre. Tournant résolument le dos à leur jeu-
» nesse, ils croupissent dans le succès sans plus jamais
» pouvoir s'élever jusqu'à cette gloire heureusement
» réservée à ceux dont la vie, consacrée à la re-
» cherche d'un monde de sensations et de formes
» incessamment renouvelé, s'est terminée dans la
» croyance joyeuse d'avoir accompli la vraie tâche ;
» ceux-là ont eu ce qu'on pourrait appeler un succès
» de « Dernière », si le mot « succès » ne devenait
» pas vil mis à côté du mot « gloire ».

» Enfin, pour m'appuyer sur un récent exemple,
» j'ai peine à voir combien il est difficile de conserver
» le respect à un artiste qui, lui aussi, fut plein d'en-
» thousiasme et chercheur de gloire pure... J'ai
» horreur de la sentimentalité, monsieur! Mais j'ai-
» merais ne pas me souvenir qu'il s'appelle Camille
» Saint-Saëns ! »

Je répliquai simplement : « Monsieur, j'ai en-
» tendu les *Barbares*. »

Il reprit avec une émotion que je ne lui soup-
çonnais pas : « Comment est-il possible de s'égarer
» aussi complètement ? M. Saint-Saëns est l'homme
» qui sait le mieux la musique du monde entier.

» Comment oublia-t-il qu'il fit connaître et imposa
» le génie tumultueux de Liszt et sa religion pour le
» vieux Bach ?

» Pourquoi ce maladif besoin d'écrire des opéras
» et de tomber de Louis Gallet en Victorien Sardou,
» propageant la détestable erreur qu'il faut « faire
» du théâtre », ce qui ne s'accordera jamais avec
» « faire de la musique ».

J'essayai de timides objections comme : « Ces
Barbares sont-ils plus mauvais que beaucoup d'autres
opéras dont vous ne parlez pas ? » et : « Devons-
nous pour cela perdre le souvenir de ce que fut
Saint-Saëns ? » — M. Croche me coupa brusquement
la parole. — « Cet opéra est plus mauvais que les
» autres parce qu'il est de Saint-Saëns. Il se devait
» et devait encore plus à la musique de ne pas écrire
» ce roman où il y a de tout, même une farandole
» dont on a loué le parfum d'archaïsme : elle est un
» écho défraîchi de cette « rue du Caire » qui fit le
» succès de l'Exposition de 1889; comme archaïsme,
» c'est douteux. Dans tout cela, une recherche pénible
» de l'effet, suggérée par un texte où il y a des
» « mots » pour la banlieue et des situations qui natu-
» rellement rendent la musique ridicule. La mimique
» des chanteurs, la mise en scène pour boîte à sar-
» dines dont le théâtre de l'Opéra garde farouche-
» ment la tradition, achèvent le spectacle et tout
» espoir d'art. — N'y a-t-il donc personne qui ait

» assez aimé Saint-Saëns pour lui dire qu'il avait
» assez fait de musique et qu'il ferait mieux de
» parfaire sa tardive vocation d'explorateur ? »
M. Croche fut sollicité par un autre cigare et me dit
en manière d'adieu : « Pardon, monsieur, mais je
» ne voudrais pas gâter celui-ci... »

Comme j'avais beaucoup dépassé ma maison,
je m'en retournai, songeant à l'impartialité gron-
deuse de M. Croche. A tout prendre, elle contenait
un peu du dépit que nous donnent les personnes
que l'on a beaucoup aimées jadis et desquelles le
moindre changement équivaut à une trahison. J'essayai aussi de me figurer M. Saint-Saëns le soir
de la première représentation des *Barbares*, se sou-
venant, à travers les applaudissements saluant son
nom, du bruit des sifflets qui accueillirent la première
audition de sa *Danse macabre* et j'aimais à croire
que ce souvenir ne lui déplaisait pas.

Puis je songeai à des années déjà lointaines.

La meilleure impression que je reçus du prix
de Rome fut indépendante de celui-ci... C'était sur
le pont des Arts où j'attendais le résultat du concours en contemplant l'évolution charmante des
bateaux-mouches sur la Seine. J'étais sans fièvre,
ayant oublié toute émotion trop spécialement romaine, tellement la jolie lumière du soleil jouant
à travers les courbes de l'eau avait ce charme atti-
rant qui retient sur les ponts, pendant de longues

heures, les délicieux badauds que l'Europe nous
envie. Tout à coup quelqu'un me frappa sur l'épaule
et dit d'une voix haletante : « Vous avez le prix !... »
Que l'on me croie ou non, je puis néanmoins affirmer que toute ma joie tomba ! Je vis nettement les
ennuis, les tracas qu'apporte fatalement le moindre
titre officiel. Au surplus, je sentis que je n'étais plus
libre.

Ces impressions disparurent dans la suite ; on
ne résiste pas tout d'abord à cette petite fumée
de gloire qu'est provisoirement le prix de Rome ;
quand j'arrivai à la Villa Médicis, en 1885, je n'étais
pas loin de me croire le petit chéri des dieux dont
parlent les légendes antiques.

M. Cabat, paysagiste de valeur autant qu'homme du monde strictement distingué, était directeur
de l'Académie de France à Rome à cette époque.
Il ne s'occupait jamais des pensionnaires que d'une
façon administrative. Il était charmant. Peu de
temps après, M. E. Hébert le remplaçait. Une récente
conversation nous a appris que ce peintre éminent
est resté « romain » jusqu'au bout des ongles. Son
intolérance pour tout ce qui regardait Rome et la
Villa Médicis est d'ailleurs restée proverbiale... Il
n'admettait aucune critique touchant ces deux choses ; je me rappelle encore que m'étant plaint d'habiter
une chambre dont les murs peints en vert semblaient
reculer à mesure que l'on avançait — elle est bien

connue des pensionnaires sous le nom de « Tombeau Etrusque » —, M. Hébert m'affirma que cela n'avait aucune importance. Il ajoutait même qu'on pouvait au besoin coucher dans les ruines du Colisée... Le bénéfice d'y éprouver le « frisson historique » compensant le risque d'y prendre la fièvre.

M. Hébert aimait passionnément la musique, mais pas du tout celle de Wagner ; à cette époque, où j'étais wagnérien jusqu'à l'oubli des principes les plus simples de la civilité, j'étais loin de me douter que j'arriverais à penser à peu près comme ce vieillard passionné qui a fait le tour des sentiments, avec clairvoyance, quand nous en sommes à peine à savoir ce qu'ils contiennent et comment on peut s'en servir.

Alors, commence cette vie de « pensionnaire » qui tient à la fois de l'hôtel cosmopolite, du collège libre, de la caserne laïque et obligatoire... Je revois la salle à manger de la Villa où s'alignent les portraits des prix de Rome de jadis et d'hier. Il y en a jusqu'au plafond ; on ne les distingue même plus très bien ; il est vrai que l'on n'en parle même plus du tout. Dans toutes ces figures, on retrouve la même expression un peu triste ; elles ont l'air « déracinées... ». Au bout de quelques mois, la multiplicité de ces cadres aux dimensions immuables donne à qui la contemple, l'impression que c'est le même prix de Rome répété à l'infini !

Les conversations que l'on tient autour de cette table ressemblent forcément à des propos de table d'hôte, et il serait vain de croire qu'on y commente les esthétiques récentes ou bien l'ardente rêverie des anciens maîtres. Si par cela la Villa Médicis est un foyer d'art médiocre, on y apprend très vite le côté pratique de la vie, tant on s'y préoccupe de la figure que l'on fera de retour à Paris... Les rapports avec la société romaine sont presque nuls, celle-ci étant aussi fermée que peu accueillante aux pensionnaires dont la jeune indépendance bien française s'allie mal à la froideur romaine.

Il reste la ressource des voyages à travers l'Italie... Maigre ressource dont on ne peut tirer le profit désirable, à cause du manque de rapports dans les villes où l'on passe par trop en étranger. Entendez que ces rapports seraient faciles à établir puisqu'il suffirait simplement d'y penser. On s'en tire en achetant des photographies, la patience des jeunes femmes attachées à ce commerce étant sans limite, ainsi que leurs sourires.

***

Je ne devais plus revoir M. Croche. Mais qui ne fut visité par les fantômes des voix qui se sont tues ? Il n'est donc que juste de lui supposer large part en tout ce qui va suivre, bien que je me reconnaisse hors d'état de séparer par des signes distincts les répliques d'un dialogue imaginaire.

III

LA SYMPHONIE.

On a entouré la symphonie avec chœurs d'un brouillard de mots et d'épithètes considérables. On peut s'étonner qu'elle ne soit pas restée ensevelie sous l'amas de prose qu'elle suscita. Wagner proposa d'en compléter l'orchestration. D'autres imaginèrent d'en expliquer l'anecdote par des tableaux lumineux. En admettant qu'il y ait du mystère dans cette symphonie, on pourrait peut-être l'éclaircir ; mais est-ce bien utile ?

Beethoven n'était pas littéraire pour deux sous. (Du moins, pas dans le sens qu'on attribue aujourd'hui à ce mot.) Il aimait orgueilleusement la musique; elle était pour lui la passion, la joie, si durement absente de sa vie privée. Peut-être ne faut-il voir dans la symphonie avec chœurs qu'un geste plus démesuré d'orgueil musical, et voilà tout. Un petit cahier où sont notés plus de deux cents aspects différents de l'idée conductrice du finale de cette symphonie témoigne de sa recherche obstinée et de la spéculation purement musicale qui la guidait (les vers de Schiller n'ont vraiment là qu'une valeur sonore). Il voulait que cette idée contînt son virtuel développement et, si elle est en soi d'une prodigieuse beauté, elle est magnifique par tout ce qu'elle répondit à son attente. Il n'y a pas d'exemple plus triomphant de la ductilité d'une idée au moule qu'on lui propose ; à chaque bond qu'elle fait, c'est une nouvelle joie ; cela, sans fatigue, sans avoir l'air de se répéter ; on dirait le chimérique épanouissement d'un arbre dont les feuilles jailliraient toutes à la fois. Rien dans cette œuvre aux proportions énormes n'est inutile ; pas même l'andante, que de récentes esthétiques accusèrent de longueur ; n'est-il pas un repos délicatement prévu entre la persistance rythmique du scherzo et le torrent instrumental roulant invinciblement les voix vers la gloire du finale ? Au surplus, ce Beethoven avait écrit huit symphonies, le chiffre 9 devait donc s'imposer d'une façon presque fatidique à son esprit, et Beethoven s'imposa, lui, de se surpasser ; je ne vois guère qu'on puisse douter qu'il y ait réussi. Quant à l'humanité débordante qui fait éclater les limites habituelles de la symphonie, elle jaillit de son âme, laquelle, ivre de liberté, se meurtrissait, par une ironique combinaison de la destinée, aux barreaux dorés que lui faisait l'amitié mal charitable des grands. Beethoven dut en souffrir en plein cœur et désirer ardemment que l'humanité communiât en lui : de là, ce cri poussé par les mille voix de son génie vers ses « frères » les plus humbles comme les plus pauvres. A-t-il été entendu de ceux-là ?... Question troublante. — La symphonie avec chœurs fut jouée récemment en compagnie de quelques faisandés chefs-d'œuvre de Richard Wagner. — Tannhæuser, Siegmund, Lohengrin, clamèrent une fois de plus les revendications du leit-motive ! La sévère et loyale maîtrise du vieux Beethoven triompha aisément de ces boniments haut casqués et sans mandat bien précis.

Il me semblait que, depuis Beethoven, la preuve de l'inutilité de la symphonie était faite. — Aussi bien, chez Schumann et Mendelssohn n'est-elle plus qu'une répétition respectueuse des mêmes formes avec déjà moins de force. Pourtant, la « neuvième » était une géniale indication, un désir magnifique d'agrandir, de libérer les formes habituelles en leur donnant les dimensions harmonieuses d'une fresque.

La vraie leçon de Beethoven n'était donc pas de conserver l'ancienne forme ; pas davantage, l'obligation de remettre les pieds dans l'empreinte de ses premiers pas. Il fallait regarder par les fenêtres ouvertes sur le ciel libre : on me paraît les avoir fermées à peu près pour jamais; les quelques géniales réussites dans le genre excusent mal les exercices studieux et figés qu'on dénomme, par habitude, symphonies.

La jeune école russe tenta de rajeunir la symphonie en empruntant des idées aux « thèmes populaires » : elle réussit à ciseler d'étincelants bijoux; mais n'y avait-il pas là une gênante disproportion entre le thème et ce qu'on l'obligeait à fournir de développements?... Bientôt cependant, la mode du thème populaire s'étendit sur l'univers musical : on remua les moindres provinces, de l'est à l'ouest; on arracha à de vieilles bouches paysannes des refrains ingénus, tout ahuris de se retrouver vêtus de dentelles harmonieuses. Ils en gardèrent un petit air tristement gêné : mais d'impérieux contrepoints les sommèrent d'avoir à oublier leur paisible origine.

Faut-il conclure, malgré tant de transformations essayées, que la symphonie appartenait au passé par toute son élégance rectiligne, son ordonnance cérémonieuse, son public philosophique et fardé ? N'a-t-on vraiment que mis, à la place de son vieux cadre d'or éteint, le cuivre désobligeant des instrumentations modernes ?

Une symphonie est construite généralement sur un choral que l'auteur entendit tout enfant. — La première partie, c'est la présentation habituelle du « thème » sur lequel l'auteur va travailler ; puis commence l'obligatoire dislocation... ; la deuxième partie, c'est quelque chose comme le laboratoire du vide...; la troisième partie se déride un peu dans une gaieté toute puérile, traversée par des phrases de sentimentalité forte ; le choral s'est retiré pendant ce temps-là, — c'est plus convenable —; mais il reparaît, et la dislocation continue, ça intéresse visiblement les spécialistes, ils s'épongent le front et le public demande l'auteur... Mais l'auteur ne vient pas. Modeste, il écoute des voix certainement « autorisées » : elles l'empêchent, il me semble, d'entendre une voix plus personnelle.

IV

MOUSSORGSKI.

La *Chambre d'enfants*, de Moussorgski, est une
suite de sept mélodies dont chacune est une scène
enfantine, et c'est un chef-d'œuvre. Moussorgski
est peu connu en France ; on peut, il est vrai, s'en
excuser en affirmant qu'il ne l'est pas davantage
en Russie ; il est né à Karevo (Russie Centrale)
en 1839 ; il mourut en 1881, dans un lit de l'hôpital
militaire Nicolas à Pétersbourg. On voit par ces
deux dates qu'il n'a pas eu de temps à perdre
pour avoir du génie, il n'en a pas perdu et laissera
dans le souvenir des gens qui l'aiment, ou qui l'ai-
meront, des traces ineffaçables. Personne n'a parlé
à ce qu'il y a de meilleur en nous avec un accent
plus tendre et plus profond ; il est unique et le de-
meurera par son art sans procédés, sans formules
desséchantes. Jamais une sensibilité plus raffinée

ne s'est traduite par des moyens aussi simples ; cela
ressemble à un art de curieux sauvage qui décou-
vrirait la musique à chaque pas tracé par son émotion ; il n'est jamais question non plus d'une forme
quelconque, ou du moins cette forme est tellement
multiple qu'il est impossible de l'apparenter aux
formes établies — on pourrait dire administratives;
cela se tient et se compose par petites touches
successives, reliées par un lien mystérieux et par
un don de lumineuse clairvoyance; parfois aussi
Moussorgski donne des sensations d'ombre frisson-
nante et inquiète qui enveloppent et serrent le
cœur jusqu'à l'angoisse. — Dans la *Chambre d'enfants*, il y a la prière d'une petite fille avant qu'elle
ne s'endorme, où sont notés les gestes, le trouble
délicat d'une âme d'enfant, et même les manières
délicieuses qu'ont les petites filles de poser à la
grande personne, avec une sorte de vérité fiévreuse
dans l'accent qui ne se trouve que là. — La *Berceuse
de la poupée* semble avoir été devinée mot à mot,
grâce à une assimilation prodigieuse, à cette faculté
d'imaginer des paysages d'une féerie intime, spéciale
aux cerveaux enfantins ; la fin de cette berceuse
est si doucement sommeillante que la petite racon-
teuse s'endort à ses propres histoires. — Il y a aussi
le terrible petit garçon, à cheval sur un bâton, qui
transforme la chambre en un champ de bataille :
cassant un bras par-ci, une jambe par-là à de pauvres

chaises sans défense ; ça ne va pas sans occasionner des blessures plus personnelles ! Alors, cris, pleurs, toute la joie s'envole !... Ça n'était pas sérieux... deux secondes sur les genoux de sa maman, le baiser qui guérit et... la bataille recommence, les chaises ne savent plus, encore une fois, où se fourrer.

Tous ces petits drames sont notés, j'y insiste, avec une simplicité extrême; il suffit à Moussorgski d'un accord qui semblerait pauvre à monsieur... (j'ai oublié son nom!) ou d'une modulation tellement instinctive qu'elle paraîtrait inconnue à monsieur... (c'est le même !). Nous aurons à reparler de Moussorgski ; il a des droits nombreux à notre dévotion.

V

LA SONATE DE M. PAUL DUKAS.

A notre époque, la musique tend de plus en plus à servir d'accompagnement à des anecdotes sentimentales ou tragiques et assume le rôle un peu louche de faiseur de boniments à la porte d'une baraque où s'efforce le sinistre « Rien du Tout ».

Ceux qui aiment vraiment la musique vont rarement dans les baraques; ils ont un simple piano et recommencent éperdument certaines pages ; cela grise aussi sûrement que le « juste, puissant et subtil opium » et c'est l'art d'évoquer les minutes heureuses le moins débilitant. M. P. Dukas semble avoir pensé à ces « derniers » lorsqu'il écrivit sa sonate : la sorte d'émotion hermétique qui s'y traduit et ce lien rigoureux dans l'enchaînement des idées réclament impérieusement une intime et profonde communion avec l'œuvre (ce côté impérieux marque d'un cachet spécial presque tout

l'art de M. P. Dukas, même quand il n'est qu'épiso-
dique); elle est le résultat d'une ardente patience
dans l'ajustement des pièces formant son armature
et il est à craindre qu'on ne puisse aisément en
suivre le jeu dans une exécution au concert ? Cela
n'enlève rien à sa beauté ni à son rêve. — Si le
cerveau qui conçut cette sonate mêla à l'idée d'imagination l'idée de construction, il ne faudrait pas
conclure à l'idée de complication, rien ne serait
plus délibérément absurde. M. P. Dukas sait ce
que contient la musique; elle n'est pas uniquement
une chose brillante et sonore qui amuse l'oreille
jusqu'à l'énervement : — compréhension facile où
se rejoignent sans trop se heurter tant de musiques
que l'on croit... différentes. — Elle est pour lui
un trésor inépuisable de formes, de souvenirs possibles qui lui permettent d'assouplir ses idées à
la mesure de son domaine imaginatif. Il est le maître
de son émotion et sait lui éviter des clameurs inutiles;
il ne se permet jamais par conséquent de ces développements parasites qui déparent si souvent de
très belles choses. Qu'on regarde la troisième partie
de cette sonate, on découvrira, sous son apparence
toute pittoresque, une force qui en commande la
fantaisie rythmique avec la silencieuse sûreté d'un
mécanisme d'acier. Cette même force conduit le
dernier morceau où apparaît l'art de distribuer
l'émotion dans toute sa puissance ; on peut même

dire que cette émotion est « constructive » par
ce qu'elle évoque de beauté pareille aux lignes parfaites d'une architecture, — lignes se fondant et
s'accordant avec les espaces colorés de l'air et du
ciel, qu'elles épousent dans une harmonie totale et
définitive.

VI

VIRTUOSES.

Il y a eu ces dernières semaines un grand arri-
vage de chefs d'orchestre allemands. C'est moins
grave qu'une épidémie, mais ça fait beaucoup plus
de bruit... un chef d'orchestre étant multipliable
par 90... Que Weingartner ou Richard Strauss, que
le nerveux Mottl ou le grand Richter fassent refleurir
la beauté trop durement insultée des grands maîtres,
je n'y contredis pas, mais il ne faut pas exagérer
et prendre Paris pour une salle d'entraînement.
Si encore ces messieurs apportaient quelque nou-
veauté dans leurs programmes, ça serait tout de
même intéressant ; mais pas du tout, c'est le vieux
fonds symphonique qui marche jusqu'ici et nous
allons assister aux exercices habituels sur les différentes manières de conduire les symphonies de
Beethoven ; les uns « presseront », les autres « ralen-
tiront » et c'est ce pauvre grand vieux Beethoven

qui souffrira le plus. Des personnes graves et informées déclareront que tel ou tel chef d'orchestre possède le vrai mouvement, c'est d'ailleurs un excellent sujet de conversation. Où ces personnes prirent-elles tant d'assurance? reçurent-elles des communications de l'Au-delà ? Voilà des gentillesses d'outre-tombe qui m'étonneraient beaucoup de la part de Beethoven. Et si sa pauvre âme erre parfois dans une salle de concert, elle doit vite remonter vers ce monde où ne s'entend plus que la musique des sphères ! Et le grand aïeul J.-S. Bach doit lui dire un peu sévèrement : « Mon petit Ludwig, je vois à votre âme un peu crispée que vous êtes encore allé dans de mauvais lieux. » — Au surplus, peut-être ne se parlèrent-ils jamais...

L'attrait qu'exerce le virtuose sur le public paraît assez semblable à celui qui attire les foules vers les jeux du cirque. On espère toujours qu'il va se passer quelque chose de dangereux : M. X va jouer du violon en prenant M. Y sur ses épaules, ou bien M. Z terminera son morceau en saisissant le piano entre ses dents...

X joue le concerto en *sol* pour violon, de J.-S. Bach, comme lui seul est peut-être capable de le faire sans avoir l'air d'un intrus ; il a cette liberté dans l'expression, cette beauté sans apprêt dans la sonorité, dons nécessaires à l'interprétation de cette musique.

C'est d'autant plus tangible que le reste de
l'exécution marche d'un pas pénible et lourd. On
dirait que l'on fait supporter à Bach le poids des
siècles accumulés sur son œuvre par cette manière
empesée dont on l'interprète.

Pourtant, ce concerto est une chose admirable
parmi tant d'autres déjà inscrites dans les cahiers
du grand Bach; on y retrouve presque intacte cette
« arabesque musicale » ou plutôt ce principe de
« l'ornement » qui est la base de tous les modes
d'art. (Le mot « ornement » n'a rien à voir ici avec
la signification qu'on lui donne dans les grammaires
musicales.)

Les primitifs, Palestrina, Vittoria, Orlando di
Lasso, etc..., se servirent de cette divine « arabesque ».
Ils en trouvèrent le principe dans le chant grégorien
et en étayèrent les frêles entrelacs par de résistants
contrepoints. Bach en reprenant l'arabesque la ren-
dit plus souple, plus fluide, et, malgré la sévère
discipline qu'imposait ce grand maître à la Beauté,
elle put se mouvoir avec cette libre fantaisie toujours renouvelée qui étonne encore à notre époque.

Dans la musique de Bach, ce n'est pas le caractère de la mélodie qui émeut, c'est sa courbe ;
plus souvent même, c'est le mouvement parallèle
de plusieurs lignes dont la rencontre, soit fortuite,
soit unanime, sollicite l'émotion. A cette conception
ornementale, la musique qu'acquiert la sûreté d'un

mécanisme à impressionner le public et qui fait surgir les images.

Qu'on n'aille pas croire à quelque chose de hors nature ou d'artificiel. C'est au contraire infiniment plus « vrai » que les pauvres petits cris humains qu'essaye de vagir le Drame lyrique. Surtout, la musique y garde toute sa noblesse, elle ne condescend jamais à s'adapter à ces besoins de sensiblerie qu'affectent les gens dont on dit qu'ils « aiment tant la musique » ; plus hautainement, elle les force au respect, sinon à l'adoration.

On peut remarquer facilement que l'on n'entendit jamais « siffler » du Bach... Cette gloire buccale n'aura pas manqué à Wagner : sur le boulevard, à l'heure où sortent les prisonniers de luxe des maisons d'arrêt musicales, il arrive d'entendre allégrement « siffler » « la Chanson du Printemps » ou la phrase initiale des *Maîtres Chanteurs*. Je sais bien que pour beaucoup de gens, c'est toute la gloire promise à la musique. Il est néanmoins permis d'être de l'avis contraire sans trop se singulariser.

Je dois ajouter que cette conception ornementale a complètement disparu ; on a réussi à domestiquer la musique... Enfin ! Cela fait l'affaire des familles qui, ne sachant que faire d'un enfant, — la carrière de brillant ingénieur commence à fâcheusement s'encombrer, — lui font apprendre la musique : ça fait toujours un médiocre de plus...

Si parfois un quelconque homme de génie essaye
de secouer le dur collier de la tradition, on s'arrange
de façon à le noyer dans le ridicule ; alors le pauvre
homme de génie prend le parti de mourir très jeune,
et c'est la seule manifestation pour laquelle il trouve
de nombreux encouragements.

VII

L'OPÉRA.

Tout le monde connaît, au moins de réputation, le théâtre national de l'Opéra. J'ai eu le regret de constater qu'il n'avait pas changé : pour le passant mal prévenu, ça ressemble toujours à une gare de chemin de fer ; une fois entré, c'est à s'y méprendre une salle de bains turcs.

On continue à y faire un singulier bruit que des gens qui ont payé pour cela appellent de la musique... il ne faut pas les croire tout à fait.

Par une grâce spéciale et une subvention de l'Etat, ce théâtre peut jouer n'importe quoi ; ça importe si peu qu'on y a installé avec un luxe soigneux des « loges à salons », ainsi nommées parce que l'on y est plus commodément pour ne plus entendre du tout la musique : ce sont les derniers salons où l'on cause.

En tout ceci, je n'attaque nullement le génie des directeurs, étant persuadé que les meilleures bonnes volontés se brisent là, contre un solide et solennel mur fait de fonctionnarisme entêté, et qui empêche toute lumière révélatrice de pénétrer... Ça ne changera du reste jamais, à moins d'une révolution, bien que les révolutionnaires ne pensent pas toujours à ces monuments-là. On pourrait souhaiter l'incendie, si cela n'atteignait par trop aveuglément des personnes assurément innocentes.

Pourtant, en secouant l'industrieuse apathie de cet endroit, on pourrait y faire de belles choses. Ne devrions-nous pas connaître la Tétralogie en entier, et depuis longtemps ? D'abord, ça nous en aurait débarrassé, et les pèlerins de Bayreuth ne nous agaceraient plus avec leurs récits... Jouer *les Maîtres Chanteurs*, c'est bien ; *Tristan et Isolde*, c'est mieux (l'âme charmante de Chopin y apparaît à des tournants de musique et en commande la passion).

Sans déplacer nos doléances, regardons comment l'Opéra servit le développement de la musique dramatique en France.

On y joua beaucoup de Reyer. Le succès m'en paraît dû à des causes bizarres. Il y a des gens qui regardent les paysages avec le désintéressement particulier aux ruminants ; ces mêmes gens écoutent la musique avec du coton dans les oreilles...

Saint-Saëns fit des opéras avec l'âme d'un vieux symphoniste impénitent. Est-ce là que l'Avenir viendra chercher les vraies raisons de lui conserver de l'admiration ?

Massenet paraît avoir été la victime du jeu d'éventail de ses belles écouteuses, dont les battements palpitèrent si longtemps pour sa gloire ; il voulut à toute force retenir au-dessus de son nom ces palpitations d'ailes parfumées ; malheureusement, c'était vouloir domestiquer une troupe de papillons... Peut-être ne manqua-t-il que de patience et méconnut-il la valeur du « silence »... Son influence sur la musique contemporaine est manifeste et mal avouée chez certains, qui lui doivent beaucoup : ils s'en défendent avec de l'hypocrisie... c'est vilain !

Parmi trop de stupides ballets, il y eut une manière de chef-d'œuvre : la *Namouna* d'Ed. Lalo. On ne sait quelle sourde férocité l'a enterrée si profondément que personne n'en parle plus... c'est triste pour la musique.

Dans tout cela, aucune tentative vraiment neuve. Rien qu'une espèce de ronronnement d'usine, un perpétuel recommencement ; on dirait que la musique en entrant à l'Opéra y endosse un uniforme obligatoire comme celui d'un bagne : elle y prend aussi les proportions faussement grandioses du monument, se mesurant en cela au célèbre « grand escalier » qu'une erreur de perspective ou trop de détails font paraître finalement... étriqué.

Pourquoi l'Opéra ne serait-il pas régi par un conseil formé de personnes trop riches pour vouloir faire de bonnes affaires, mais qui, au contraire, mettraient l'orgueil d'avoir beaucoup d'argent à faire de belles choses ? (Ce n'est qu'une question de tact et de choix.)

Puis un directeur de la musique complètement libre et indépendant, dont les fonctions seraient, d'abord, d'être au courant des mouvements d'art, et ensuite, d'assurer à l'avance un programme d'œuvres rétrospectives et délicatement choisies. — Pourquoi, quand se jouent les drames de Wagner, ne convierait-on pas M. Richter à diriger l'orchestre ? (Je choisis cette indication entre beaucoup d'autres.) Cela serait une condition d'attrait pour le public et de bonne exécution assurée. — Sans vouloir déplorablement insister, ce que je viens d'indiquer n'est pas une innovation, c'est un peu le principe des « Covent-Garden », où les représentations sont parfaites en tout point. Il est regrettable qu'on ne puisse pas faire mieux à l'Opéra, sinon aussi bien. Si même il y a une question d'argent, je ne veux plus comprendre.

Enfin, il faudrait surtout faire immensément de musique et ne pas entretenir le public dans une nonchalance voulue.

Certains artistes sont tristement responsables de cette nonchalance ; ils surent combattre un instant, juste ce qu'il fallait pour conquérir leur place sur le marché musical ; mais une fois le placement de leurs produits assuré, vivement ils rétrogradent, semblant demander pardon au public de la peine que celui-ci avait eue à les admettre. Tournant résolument le dos à leur jeunesse, ils s'endorment dans le succès sans plus jamais pouvoir s'élever jusqu'à cette gloire heureusement réservée à ceux dont la vie, consacrée à la recherche d'un monde de sensations et de formes incessamment renouvelé, s'est terminée dans l'espoir joyeux d'avoir accompli la vraie tâche ; ceux-là ont ce qu'on pourrait appeler un succès de « Dernière », si le mot succès ne devenait pas vil mis à côté du mot « gloire ». Je n'ai pas la prétention d'exiger que l'Opéra puisse jamais venir en aide à ces derniers, mais il pourrait ne pas servir exclusivement à soutenir les premiers. Et j'ai voulu montrer que les torts n'étaient pas tous du même côté.

VIII

A. NIKISCH.

Ce dimanche, il faisait un soleil outrecuidant et irrésistible qui semblait narguer toute tentative d'entendre n'importe quelle musique. L'Orchestre philharmonique de Berlin, sous la direction de M. A. Nikisch, en profita pour donner son premier concert. J'espère que le bon Dieu me pardonnera d'avoir menti à mes résolutions et que d'autres, plus heureux, auront rendu hommage à l'herbe qu'il dispense généralement aux peaux de saucisson et aux dénouements logiques des idylles.

Tout ce que Paris compte d'oreilles fameuses et attentives était là, les étranges et chères madames surtout! C'est le meilleur des « bon public » à qui sait s'en servir ; il suffit presque d'une attitude élégante ou d'une mèche de cheveux romanesquement tourmentée, pour s'en assurer l'enthousiasme.

M. A. Nikisch a l'attitude et la mèche, il y joint heureusement de plus sérieuses qualités ; en outre, son orchestre est merveilleusement discipliné, on se sent en présence de gens qui ne se préoccupent que de faire sérieusement de la musique ; ils sont graves et simples, comme les personnages d'une primitive fresque... c'est d'une rareté touchante.

M. Nikisch est un virtuose incomparable ; il apparaît même que sa virtuosité lui fait oublier ce que l'on doit au bon goût! J'en prendrais un exemple dans son exécution de l'ouverture du *Tannhœuser*, où il oblige les trombones à des « ports de voix » dignes, tout au plus, de la grosse dame chargée de la sentimentalité au Casino de Suresnes, et où il fait surgir les cors à des endroits où rien ne les désignait spécialement à l'attention. Ce sont là des « effets » sans cause bien appréciable et qui étonnent du musicien averti qu'est M. A. Nikisch partout ailleurs. Avant cela, il avait prouvé la rareté de ses dons dans les Equipées de *Till Ulenspiegel*, de Richard Strauss. Ce morceau ressemble à « Une heure de musique nouvelle chez les fous » : des clarinettes y décrivent des trajectoires éperdues, des trompettes y sont à jamais bouchées, et les cors, prévenant un éternuement latent, se dépêchent de leur répondre poliment : « A vos souhaits » ; une grosse caisse fait des « boum-boum » qui semblent souligner le coup de pied des clowns ; on a envie de rire aux éclats ou de hurler à la mort, et l'on s'étonne de retrouver les choses à leur place habituelle ; car si les contrebasses soufflaient à travers leur archet, si les trombones frottaient leurs cylindres d'un archet imaginaire et si l'on retrouvait M. Nikisch assis sur les genoux d'une ouvreuse, il n'y aurait là rien d'extraordinaire. Cela n'empêche nullement que ce morceau ne soit génial par certains côtés, et d'abord par sa prodigieuse sûreté orchestrale et de mouvement frénétique qui nous emporte du commencement à la fin et nous oblige à passer par toutes les équipées du héros. M. Nikisch en a dirigé l'ordonnance tumultueuse avec un sang-froid merveilleux et l'ovation qui les saluait, lui et son orchestre, était on ne peut plus justifiée.

Pendant l'exécution de la symphonie inachevée de Schubert, un vol de moineaux s'était abattu aux fenêtres du Cirque et s'est livré à un pépiage qui n'était pas sans agrément. M. Nikisch a eu le bon goût de ne pas demander que l'on fît sortir ces irrespectueux mélomanes, ivres d'azur probablement ; peut-être n'étaient-ils qu'une innocente critique contre cette symphonie qui ne peut se décider, une fois pour toutes, à être inachevée...

IX

MASSENET.

Je voudrais essayer de tracer, non un portrait de M. Massenet, mais un peu ce qu'il voulut représenter de son attitude mentale à travers la musique qu'il écrivit; par ailleurs, les anecdotes ou les manies composant la vie d'un homme ont besoin d'être « posthumes » pour avoir vraiment de l'intérêt.

Il apparaît tout de suite que la musique ne fut jamais pour M. Massenet « la voix universelle » qu'entendirent Bach et Beethoven : il en fit plutôt une charmante spécialité.

Que l'on consulte la liste déjà longue de ses œuvres et l'on y verra une préoccupation constante qui en commande, on peut dire fatidiquement, la marche. Elle lui fait retrouver dans *Grisélidis*, son dernier opéra, un peu des aventures d'*Eve*, une de ses premières œuvres. N'y a-t-il pas là une sorte de destinée mystérieuse et tyrannique qui explique l'inlassable curiosité de M. Massenet à chercher dans la musique des documents pour servir à l'histoire de l'âme féminine ? — Elles sont là, presque toutes, ces figures de femmes qui servirent déjà tant de rêves ! Le sourire de la Manon en robes à panier renaît sur la bouche de la moderne Sapho pour faire pareillement pleurer les hommes ! Le couteau de la Navarraise y rejoint le pistolet de l'inconsciente Charlotte. (Cf. *Werther.*)

D'autre part, on sait combien cette musique est secouée de frissons, d'élans, d'étreintes qui voudraient s'éterniser. Les harmonies y ressemblent à des bras, les mélodies à des nuques ; on s'y penche sur le front des femmes pour savoir à tout prix ce qui se passe derrière... — Les philosophes et les gens bien portants affirment qu'ils ne s'y passe rien. mais cela ne supprime pas absolument l'opinion contraire, l'exemple de M. Massenet le prouve (au moins mélodiquement) ; à cette préoccupation il devra, au surplus, d'occuper dans l'art contemporain une place qu'on lui envie sourdement, ce qui peut faire croire qu'elle n'est pas à dédaigner.

La fortune, qui est femme, se devait de bien traiter M. Massenet et même de lui être quelquefois infidèle ; elle n'y a point manqué. Tant de succès fit qu'à une époque il fut de bon ton de copier les manies mélodiques de M. Massenet, puis, tout à coup, ceux qui l'avaient si tranquillement pillé le traitèrent durement.

On lui reprochait d'avoir trop de sympathie pour M. Mascagni et pas assez d'adoration pour Wagner. — Ce reproche est aussi faux qu'il est inadmissible. M. Massenet continuait héroïquement à vouloir l'approbation de ses admiratrices habituelles : j'avoue ne pas comprendre pourquoi il vaut mieux plaire à de vieilles wagnériennes cosmopolites qu'à des jeunes femmes parfumées et même ne jouant pas très bien du piano. Une fois pour toutes, il avait raison... On ne peut sérieusement lui reprocher que d'avoir fait des infidélités à Manon... Il avait trouvé là le cadre qui convenait à ses habitudes de « flirt » et il ne devait pas les forcer à entrer à l'Opéra? On ne « flirte » pas à l'Opéra ; on crie très fort des mots incompréhensibles ; si l'on y échange des serments, c'est avec l'assentiment des trombones : logiquement, les nuances changeantes d'un sentiment doivent s'y perdre parmi tant de clameur obligée. Enfin, il eût mieux fait de continuer d'assouplir son génie des teintes claires et des mélodies chuchotantes, dans des œuvres faites de légèreté ; cela n'excluait pas des recherches d'art, elles étaient seulement plus délicates et voilà tout. Il ne manque pourtant pas de musiciens qui portent la musique à bras tendus pendant que hurlent les trompettes... Pourquoi en grossir inutilement le nombre et laisser se développer ce goût pour la musique ennuyeuse qui nous vient des « néo-wagnériens » et qui pourrait nous faire l'amabilité de retourner en son pays d'origine.

M. Massenet, par ses dons uniques et sa facilité, pouvait beaucoup contre ce déplorable mouvement. — Il n'est pas toujours bon de hurler avec les loups. C'est un conseil qu'aurait pu lui donner, il me semble, la moins fine de ses belles écouteuses.

Massenet fut le plus réellement aimé des musiciens contemporains. C'est d'ailleurs bien cet amour que l'on a eu pour Massenet qui lui créa du même coup la situation particulière qu'il n'a cessé d'occuper dans le monde musical.

Ses confrères lui pardonnèrent mal ce pouvoir de plaire qui est proprement un don. A vrai dire, ce don n'est pas indispensable, surtout en art, et l'on peut affirmer, entre autres exemples, que jamais Jean-Sébastien Bach ne plut, dans le sens que ce mot prend lorsqu'il s'agit de Massenet. A-t-on entendu dire des jeunes modistes qu'elles fredonnaient la *Passion selon saint Mathieu* ? Je ne le crois pas. Tandis que tout le monde sait qu'elles s'éveillent le matin en chantant *Manon* ou *Werther*. Qu'on ne s'y trompe pas, c'est là une gloire charmante qu'envieront secrètement plus d'un de ces grands puristes qui n'ont pour réchauffer leur cœur que le respect un peu laborieux des cénacles.

Il a réussi pleinement dans ce qu'il entreprenait, de quoi l'on a cru se venger en disant — à voix basse — qu'il était le meilleur élève de Paul Delmet, ce qui n'est qu'une plaisanterie du plus mauvais goût. On l'a beaucoup imité, aussi bien à l'extérieur qu'à l'intérieur...

Tâcher de faire tomber ceux que l'on imite est le premier principe de la sagesse chez certains artistes, qui nomment ces manœuvres blâmables « lutte pour l'art ». Cette expression si souvent employée a quelque chose de louche et, au surplus, le défaut d'assimiler l'art à un sport quelconque.

En art, on n'a à lutter le plus souvent que contre soi-même, et les victoires que l'on y remporte sont peut-être les plus belles. Mais par une ironie singulière, on a peur, en même temps, d'être victorieux de soi-même, et l'on aime mieux tranquillement faire partie du public ou suivre ses amis, ce qui revient au même.

Au siècle de Napoléon, toutes les mères françaises espéraient que leurs fils continueraient Napoléon... Le jeu des guerres s'est chargé de faucher beaucoup de ces rêves. Et puis il y a des destinées uniques. Dans son genre, la destinée de Massenet est une de celles-là.

X

MUSIQUES DE PLEIN AIR.

Il est certain qu'en France on n'aime plus du
tout l'orgue de Barbarie !... Ce n'est plus guère
qu'à d'annuels et tricolores « Quatorze Juillet »,
ou dans des terrains vagues plus propices à des
chuchotements d'apaches qu'à la passagère rêverie
des mélomanes qu'ils osent encore moudre la mélancolie de leurs tuyaux enroués.

Faut-il en avoir du regret et en conclure d'un
abaissement dans le niveau musical en France ? Il
ne m'appartient pas plus de l'affirmer que d'en
accuser qui que ce soit. Pourtant, M. Gavioli, le
célèbre facteur de ces instruments, paraît ne pas
avoir accompli tout son devoir. Est-ce assez, vraiment, d'avoir enregistré, ces dernières années :
l'entr'acte de *Cavalleria Rusticana*, la *Valse Bleue*, et

quelques autres chefs-d'œuvre...? Pourquoi tant de restrictions ; ne pouvait-il s'adresser au besoin de popularité de nos plus notoires contemporains ? N'y a-t-il pas toute une musique, devenue caduque, dans les programmes de concerts dominicaux, qui trouverait, à coup sûr, un charmant renouveau dans l'orgue de Barbarie si, encore une fois, M. Gavioli n'opposait une désespérante apathie aux désirs de son époque. Soyez moderne, monsieur, nous vous en conjurons ! Ne laissez pas aux seuls rois nègres le charme d'instruments parfaits. Apprenez que le Schah de Perse possède un orgue électrique qui joue le prélude de *Parsifal* à s'y méprendre. Si vous croyez que ces exécutions dans les harems sont flatteuses pour Wagner, vous vous abusez ! Malgré son goût pour le mystère, celui-là est un peu louche, avouez-le ! D'ailleurs, n'a-t-il pas affirmé maintes fois qu'il ne serait compris qu'en France ? — Peut-on espérer que vous verrez enfin où est votre devoir ? On n'a pas hésité à jouer *Paillasse* à l'Opéra ; n'hésitez donc plus à fabriquer des instruments dignes d'exécuter la Tétralogie

. . . .

En vérité, la futilité de ces considérations n'est qu'apparente et tient à ce que l'on ne songe à s'inquiéter de la banalité des choses que pour les déplorer, mais jamais pour y remédier. A ceux qui trouveront du ridicule dans cette défense de l'orgue de

Barbarie, on pourrait répondre qu'il ne s'agit nullement d'un plaisir de dilettante, mais de ce que l'on devrait tenter contre la médiocrité de l'âme des foules.

Sans défendre l'habitué des cafés-concert plus que celui des Concerts Lamoureux, il faut tout de même avouer qu'ils ont raison tous les deux dans leurs moyens d'émotions propres... Il y en a d'autres : ceux qui ne peuvent trouver d'émotion que dans « la musique en plein air ». Cette dernière, telle qu'on la pratique de nos jours, est bien le meilleur conducteur de médiocrité qu'on puisse rêver.

En somme, pourquoi l'ornement des squares et promenades est-il resté le monopole des seules musiques militaires ? — Je sais bien, il y a la musique de la garde républicaine... mais c'est encore du luxe... c'est presque un instrument de diplomatie.

Il me plairait d'imaginer des fêtes plus inédites, participant plus complètement au décor naturel. La musique militaire n'est-elle pas l'oubli des longues étapes et la joie des avenues ? En elle se totalise l'amour de la patrie qui bat dans tous les cœurs épars ; par elle se rejoignent l'âme contemplative du petit pâtissier et le vieux monsieur qui pense à l'Alsace-Lorraine et n'en parle jamais. Certes, il ne peut venir à personne l'idée de lui enlever ces nobles privilèges ; mais vraiment, dans les arbres, c'est le cri du phonographe multiplié.

On peut entrevoir un orchestre nombreux s'augmentant encore du concours de la voix humaine
(pas l'orphéon !... je vous remercie). Par cela même,
la possibilité d'une musique construite spécialement
pour « le plein air », toute en grandes lignes, en
hardiesses vocales et instrumentales qui joueraient
et planeraient sur la cime des arbres dans la lumière
de l'air libre. Telle succession harmonique paraissant anormale dans le renfermé d'une salle de concert y prendrait certainement sa juste valeur. Peut-
être trouverait-on le moyen de se libérer des petites
manies de forme, de tonalités arbitrairement précises
qui encombrent si maladroitement la musique.

Il faut comprendre qu'il ne s'agit pas de travailler dans « le gros », mais dans « le grand » ; il
ne s'agit pas non plus d'ennuyer les échos à répéter
d'excessives sonneries, mais d'en profiter pour prolonger le rêve harmonique dans l'âme de la foule.
La collaboration mystérieuse des courbes de l'air,
du mouvement des feuilles et du parfum des fleurs
s'accomplirait, la musique pouvant réunir tous ces
éléments dans une entente si parfaitement naturelle
qu'elle semblerait participer de chacun d'eux... Et
les bons arbres tranquilles ne manqueraient pas à
figurer les tuyaux d'un orgue universel, ni à prêter
l'appui de leurs branches à des grappes d'enfants
auxquels on apprendrait les jolies rondes de jadis,
si mal remplacées depuis par les ineptes refrains qui

déshonorent les jardins et les villes d'aujourd'hui.
On y retrouverait du même coup ce « contrepoint »
dont nous avons fait un travail de mandarins et que
pourtant les vieux maîtres de la Renaissance française savaient faire sourire.

Si cela arrivait, j'avoue que l'exil des orgues
de Barbarie me laisserait sans larmes, mais j'ai bien
peur que la musique ne continue à sentir un peu
le renfermé...

XI

ÉVOCATION.

Ces dernières journées de brouillard m'ont fait
penser à Londres, puis à cette adorable pièce du
Songe d'une Nuit d'été dont le vrai titre, plus poé-
tique, était : *Un rêve d'une nuit de la Saint-Jean*,
la nuit la plus courte de l'année. Nuit chaude, lumineuse d'étoiles, dont l'enchantement rapide était
renfermé entre un crépuscule qui ne voulait pas
mourir et une aurore impatiente à naître.

Nuit de rêve, que la durée d'un rêve pouvait
suffire à remplir. Et c'est Obéron, roi des génies,
que le souci d'organiser des fêtes de nuit n'empêchait pas d'être élégamment jaloux : il y trouvait
même l'occasion d'éprouver la peu solide vertu de
Titania, avec la complicité de ce Puck (ou Robin
bon enfant), joyeux vagabond nocturne, rusé

et polisson, gentil faiseur de farces, qu'on pouvait se rendre secourable en l'appelant « Hobgoblin et gentil Puck ».

Mais je me suis souvenu surtout d'un homme, à peu près oublié, au moins au théâtre. Je le voyais traînant dans les rues de Londres un corps usé par la lumière aiguë, le front au rayonnement spécial à ceux derrière lesquels il s'est passé de belles choses. Il allait, soutenu par un désir fiévreux de ne point mourir avant d'avoir entendu cette œuvre testamentaire, faite de la chaleur douloureuse des dernières gouttes de son sang. Par quel effort avait-il obtenu qu'elle contînt encore de cet emportement fougueux, de ces rythmes de chevauchées romantiques qui avaient si soudainement mis en valeur son jeune génie ? Nul ne le saura jamais... Elle contenait, cette œuvre, la sorte de rêveuse mélancolie, si personnelle à cette époque, et jamais alourdie par l'indigeste clair de lune allemand, dans lequel se baignaient presque tous ses contemporains.

Cet homme avait été inquiété, peut-être le premier, par le rapport qu'il doit y avoir entre l'âme innombrable de la nature et l'âme d'un personnage. Plus sûrement, il avait eu l'idée d'utiliser la légende, pressentant ce que la musique y trouverait d'action naturelle. En effet, la musique a seule le pouvoir d'évoquer à son gré les sites invraisemblables, le

monde indubitable et chimérique qui travaille secrètement à la poésie mystérieuse des nuits, à ces mille
bruits anonymes que font les feuilles caressées par
les rayons de la lune.

Tous les moyens connus de décrire musicale-
ment le fantastique se trouvent en puissance dans
le cerveau de cet homme. — Même notre époque, si
riche en chimie orchestrale, ne l'a pas dépassé
de beaucoup. — Si on peut lui reprocher un goût
trop vif pour le panache et l'air à vocalises, il ne
faut pas oublier qu'il épousa une chanteuse. Il
l'adorait, probablement. C'est une cause qui pour
être sentimentale n'en a pas moins de force ; d'autant plus que le souci matrimonial de nouer des
nœuds de rubans avec d'élégantes doubles croches
ne l'empêchait pas de trouver, dans maintes circons-
tances, des accents de belle et simple humanité,
exempts de frondaisons inutiles. Cet homme (vous
l'avez tous reconnu?), c'était Charles-Marie Weber.
L'opéra, dernier effort de son génie, s'appelait
Obéron, dont la première représentation fut donnée
à Londres (vous apercevez que j'avais des raisons
admirables d'évoquer cette ville).

Quelques années auparavant, il avait fait
représenter à Berlin *le Freischutz* ; puis *Euryante*.
C'est par tout cela qu'il est devenu père de cette
« école romantique », à laquelle nous devons notre
Berlioz, si amoureux de couleur romanesque qu'il

en oublie parfois la musique, Wagner, grand entre-
preneur de symboles, et plus près de nous, ce Richard Strauss, à l'imagination si curieusement orga-
nisée pour le romantisme. Weber peut avoir de
l'orgueil d'une telle lignée, et se consoler dans
la gloire des fils de son génie de ce que l'on ne joue
plus guère que les ouvertures des œuvres précitées...

XII

J. PH. RAMEAU.

M. Charles Bordes est presque universellement
connu, cela pour les meilleures raisons du monde.
Il est d'abord un musicien accompli dans toute la
force du terme ; puis il a l'âme de ces ardents mis-
sionnaires de jadis dont le courage s'augmentait
avec les difficultés. Assurément il est moins péril-
leux de catéchiser les foules au nom de Palestrina
que les sauvages avec l'Evangile ; toutefois, on peut
y rencontrer la même mauvaise volonté — le genre
de supplice seul diffère, les uns ont le scalp, les
autres le bâillement !

Charles Bordes, nommé maître de chapelle de
Saint-Gervais de Paris, entreprit la série des « Semaines saintes de Saint-Gervais », dont le succès
fut tellement considérable que le haut clergé s'en
émut, trouvant, bien à tort, qu'il dispersait l'atten-

tion des fidèles. (Celui qui règne dans les cieux n'a pourtant jamais manifesté qu'il en fût choqué.)

Ceci le décida à fonder l'Association des Chanteurs de Saint-Gervais, société de musique chorale ancienne. De ce moment date son besoin incessant de propagande, car il n'y a pas de villes où cette société n'ait porté la bonne parole. Soyez sûr que si quelque jour Bordes la conduisait dans Sirius ou Aldebaran, il ne faudrait pas s'en étonner autrement.

Bordes fut aussi l'initiateur de cette « Schola Cantorum » fondée d'abord pour la restauration de la musique d'église, mais dont le programme s'est élargi depuis jusqu'à être devenue une Ecole supérieure de musique.

Et c'est là que nous venons d'entendre les deux premiers actes de *Castor et Pollux*. Pour beaucoup de personnes, Rameau est l'auteur du célèbre rigodon de Dardanus, et c'est tout...

C'est bien là un exemple de cette sentimentalité particulière au peuple français qui le pousse à adopter frénétiquement aussi bien des formules d'art que des formes de vêtements, qui n'ont rien à faire avec l'esprit du sol.

On sait l'influence de Gluck sur la musique française, influence qui ne put se manifester que grâce à l'intervention de la Dauphine Marie-Antoinette (Autrichienne) — aventure assez semblable à

celle de Wagner, qui dut la représentation du *Tannhœuser* à Paris à la puissance de Mme de Metter-
nich (Autrichienne). Pourtant, le génie de Gluck
trouve dans l'œuvre de Rameau de profondes ra-
cines. *Castor et Pollux* contient en raccourci les
esquisses premières que Gluck développera plus
tard ; on peut faire de singuliers rapprochements,
qui permettent d'affirmer que Gluck ne put prendre
la place de Rameau sur la scène française qu'en
s'assimilant et rendant siennes les belles créations
de ce dernier. Au nom de quoi la tradition de Gluck
est-elle encore vivante ? La façon pompeuse et
fausse de traiter le récitatif en témoigne suffisam-
ment, s'il n'y avait encore cette habitude d'interrompre impoliment l'action, ainsi que fait Orphée
ayant perdu son Eurydice, par une romance qui
n'indique pas précisément un si lamentable état
d'âme... Seulement, c'est Gluck !... et l'on s'incline.
Pour Rameau, il n'avait qu'à se faire naturaliser !
C'est bien sa faute !

Nous avions pourtant une pure tradition française dans l'œuvre de Rameau, faite de tendresse
délicate et charmante, d'accents justes, de déclamation rigoureuse dans le récit, sans cette affecta-
tion à la profondeur allemande, ni au besoin de
souligner à coups de poing, d'expliquer à perdre
haleine, qui semble dire : « Vous êtes une collection
d'idiots particuliers, qui ne comprenez rien, si on

ne vous force pas d'avance à prendre des « vessies pour des lanternes ». On peut regretter tout de même que la musique française ait suivi, pendant trop longtemps, des chemins qui l'éloignaient perfidement de cette clarté dans l'expression, ce précis et ce ramassé dans la forme, qualités particulières et significatives du génie français. — Je connais fort bien la théorie du libre-échange en art, et ce qu'elle a donné de résultats appréciables. Cela ne peut excuser d'avoir oublié à ce point la tradition inscrite dans l'œuvre de Rameau, remplie de trouvailles générales, presque uniques...

Revenons à *Castor et Pollux*... Le théâtre représente le lieu destiné à la sépulture des rois de Sparte. Après une ouverture, bruit nécessaire pour permettre aux robes à panier d'étaler la soie de leur tour, s'élèvent les voix gémissantes d'un chœur célébrant les funérailles de Castor. Tout de suite on se sent enveloppé d'une atmosphère tragique, qui, quand même, reste humaine, c'est-à-dire que ça ne sent pas le péplum ni le casque... Simplement des gens qui pleurent comme vous et moi. Puis arrive Télaïre, amoureuse de Castor, et la plainte la plus douce, la plus profonde qui soit sortie d'un cœur aimant est ici traduite. Pollux paraît, à la tête des combattants ; ils ont vengé l'insulte faite à Castor ; le chœur, puis un divertissement guerrier dans un mouvement superbe de force, traversé çà et là par d'éclatantes trompettes, terminent le premier acte.

Au deuxième acte, nous sommes dans le vestibule du temple de Jupiter, où tout est préparé pour le sacrifice, et c'est une pure merveille ; il faudrait tout citer... : l'air-monologue de Pollux : « Nature, amour, qui partagez mon sort », si personnel d'accent, si nouveau de construction, que l'espace et le temps sont supprimés, et Rameau semble un contemporain auquel nous pourrons dire notre admiration à la sortie.

En vérité, cela est inquiétant !... La scène qui suit, où Pollux et Télaïre sacrifient l'amour le plus grand au désir des dieux, l'entrée du grand-prêtre de Jupiter, Jupiter apparaissant lui-même, assis sur son trône de gloire, si souverainement bon, et pitoyable à la douleur humaine de Pollux, pauvre mortel que lui, le maître des dieux, pourrait écraser à son gré. Je répète, il faudrait tout citer...

Arrivons à la dernière scène de cet acte. Hébé danse à la tête des Plaisirs célestes, tenant dans leurs mains des guirlandes de fleurs dont ils veulent enchaîner Pollux. — Jupiter à voulu l'enchantement de cette scène afin d'arracher Pollux à son désir de la mort. — Jamais la sensation d'une volupté calme et tranquille n'a trouvé de si parfaite traduction ; cela joue si lumineusement dans l'air surnaturel qu'il faut toute l'énergie spartiate de Pollux pour échapper à ce charme, et penser encore à Castor. (Je l'avais oublié depuis un bon moment.)

Enfin, il faut dire, pour conclure, ce que cette musique conserve de fine élégance, sans jamais tomber dans l'afféterie, ni dans des tortillements de grâce louche. L'avons-nous remplacée par le goût du joli, ou nos préoccupations de serrurier byzantin ?

XIII

BEETHOVEN.

Dimanche dernier il faisait un temps charmant et irrésistible. Le soleil essayait ses premiers rayons et semblait narguer toute tentative d'entendre n'importe quelle musique... Un temps à faire revenir les hirondelles, si j'ose ainsi m'exprimer.

M. Weingartner en profita pour diriger, ce jour-là, l'orchestre des Concerts Lamoureux. On n'est pas parfait.

Il a d'abord dirigé la Symphonie Pastorale avec le soin d'un jardinier méticuleux. C'était si proprement échenillé qu'on avait l'illusion d'un paysage verni au pinceau, où la douceur vallonée des collines était figurée par de la peluche à dix francs le mètre et les arbres frisés au petit fer.

En somme, la popularité de la Symphonie Pastorale est faite du malentendu qui existe assez généralement entre la nature et les hommes. Voyez la scène au bord du ruisseau!... Ruisseau où les bœufs viennent apparemment boire (la voix des bassons m'invite à le croire), sans parler du rossignol en bois et du coucou suisse, qui appartiennent plus à l'art de M. de Vaucanson qu'à une nature digne de ce nom... Tout cela est inutilement imitatif ou d'une interprétation purement arbitraire.

Combien certaines pages du vieux maître contiennent d'expression plus profonde de la beauté d'un paysage, cela simplement parce qu'il n'y a plus imitation directe mais transposition sentimentale de ce qui est « invisible » dans la nature. Rend-on le mystère d'une forêt en mesurant la hauteur de ses arbres? Et n'est-ce pas plutôt sa profondeur insondable qui déclanche l'imagination ?

Par ailleurs, dans cette symphonie, Beethoven est responsable d'une époque où l'on ne voyait la nature qu'à travers les livres... Cela se vérifie dans l' « orage » qui fait partie de cette même symphonie, où la terreur des êtres et des choses se drape dans les plis du manteau romantique, pendant que roule un tonnerre pas trop sérieux.

Il serait absurde de croire que je veuille manquer de respect à Beethoven ; seulement, un musicien de génie tel que lui pouvait se tromper plus aveuglément qu'un autre... Un homme n'est pas tenu de n'écrire que des chefs-d'œuvre, et si l'on traite ainsi la Symphonie Pastorale, cette épithète manquerait de force pour qualifier les autres. Et c'est tout ce que je veux dire.

M. Weingartner a dirigé ensuite une Fantaisie pour orchestre de M. C. Chevillard, où la matière orchestrale la plus solidement curieuse sert à une façon très personnelle de développer les idées. Un monsieur qui aime personnellement la musique a sifflé cette Fantaisie avec une clef éperdue... C'est extrêmement maladroit. Pouvait-on savoir exactement si ce monsieur critiquait la façon de conduire de Weingartner ou la musique de l'auteur? D'abord, une clef n'est pas un instrument de combat, c'est un instrument domestique. M. Croche préférait la façon élégante qu'ont les petits garçons bouchers de siffler entre leurs doigts: ça fait plus de bruit. Le monsieur ci-dessus désigné est peut-être encore assez jeune pour apprendre cet art ?

M. Weingartner a repris son avantage en conduisant merveilleusement le *Mazeppa* de Liszt. Ce poème symphonique est rempli des pires défauts : il est même parfois commun, et pourtant la tumultueuse passion qui ne cesse de l'agiter finit par vous prendre avec une telle force que l'on trouve ça très bien sans plus songer à s'expliquer pourquoi... (On peut prendre des airs dégoûtés à la sortie parce que ça fait bien !... Pure hypocrisie, croyez-le bien.) La beauté indéniable de l'œuvre de Liszt tient, je crois, à ce qu'il aimait la musique à l'exclusion de tout autre sentiment. Si parfois il va jusqu'à la tutoyer et la mettre carrément sur ses genoux, cela vaut bien la manière gourmée de ceux qui ont l'air de lui être présentés pour la première fois. Assurément c'est très convenable, mais ça manque de fièvre. La fièvre et le débraillé atteignant souvent au génie de Liszt, c'est préférable à la perfection, même en gants blancs.

M. Weingartner, physiquement, donne à première vue l'impression d'un couteau neuf. Ses gestes ont une élégance quasi-rectiligne ; puis, tout à coup, ses bras font des signes implacables qui arrachent des mugissements aux trombones et affolent les cymbales... C'est très impressionnant et tient du thaumaturge ; le public ne sait plus comment manifester son enthousiasme.

XIV

THÉATRE POPULAIRE.

Depuis quelque temps déjà, on s'inquiète de divers côtés de développer dans l'âme du peuple le goût des arts en général et de la musique en particulier. Pour l'histoire, je citerai : le Conservatoire de Mimi Pinson, où M. Gustave Charpentier met en pratique les théories chères à son jeune génie. C'est ainsi qu'il donne le goût de la liberté, aussi bien dans l'art que dans la vie, à des jeunes filles dont l'esthétique se bornait jusqu'ici : au Nord par P. Delmet, au Sud par Pierre Decourcelle... Maintenant, elles savent les noms de Gluck, A. Bruneau ; et leurs jolis doigts fuselés, si adroits à chiffonner les rubans, caressent la harpe chromatique de M. G. Lyon. — Elles feront certainement de charmantes jeunes femmes, au lieu des impertinentes petites bourgeoises qu'elles se préparaient à être.

Du même coup sombre la gloire des *Noces de Jannette*, et quant à la *Dame Blanche*, elle n'en a pas pour longtemps...

> Chevaliers félons et méchants
> Qui tramez complots malfaisants...

vous n'aurez plus à vous inquiéter de prendre garde à cette vieille dame. (Je ne parle pas des romances où « Mignon regrette sa patrie » et d'autres jeunes personnes, des « bouquets fanés », car elles sont dans le plus frais de tes lacs, ô Norvège !)

Nous avons aussi le « Théâtre-roulotte » de M. Catulle Mendès (c'est d'ailleurs une charmante idée), puis l'œuvre des « Trente Ans de Théâtre », préconisée par M. A. Bernheim, qui promène la gravité de la Comédie-Française dans des endroits contradictoires.

Pour mon humble part, j'ai assisté à des tentatives de diffusion d'art dans le public ; j'avoue n'en avoir conservé qu'un souvenir de profonde tristesse... Généralement les personnes qui assument ces tentatives y apportent une espèce de bonne volonté condescendante dont les pauvres gens sentent fort bien le forcé et le convenu. — Il est certain qu'ils se décident toujours à rire, ou à pleurer, selon l'événement. Ça n'est tout de même pas franc ! Il y a un sentiment d'envie instinctive qui plane, équivoque, sur cette vision de luxe apportée pour un moment dans toutes ces vies mornes : les

femmes estiment les toilettes avec un rire faux, les
hommes comparent, se troublent... et rêvent d'im-
possibles fêtes. D'autres regrettent leurs dix sous,
et tout ça rentre tristement manger la soupe... qui
est manquée ce soir-là, — elle a un peu le goût salé
des larmes, croyez-le bien !

Certes, j'aperçois le bien-fondé de ces ambi-
tions sociales et de ces enthousiasmes de prophètes.
Rien n'est plus excitant que de jouer au petit Boud-
dha avec un œuf et deux verres d'eau par jour et
de donner le restant aux pauvres ; de ruminer d'in-
terminables rêveries cosmogoniques, panthéistes ;
des salades de nature naturante, des confusions
voluptueuses du moi et du non-moi se résorbant
dans le culte de l'âme universelle... C'est très joli,
ça fait bien dans les conversations ; malheureusement, ça n'est pas pratique pour deux sous; ça peut
même donner des résultats dangereux.

Si, en effet, il est juste de fournir des spectacles
au peuple, il faut s'entendre sur la nature des dits
spectacles. Le mieux serait peut-être de reconsti-
tuer les anciens jeux du cirque des empereurs ro-
mains. Nous avons le Jardin des Plantes qui se
ferait un devoir de prêter ses meilleurs pensionnaires ; les vieux lions, qui bâillent d'ennui lourd
de contempler d'éternels tourlourous et de quoti-
diennes bonnes, en retrouveraient tout de suite leur
native férocité. Trouverait-on plus difficilement des

dilettanti assez passionnés pour se laisser dévorer ? Après tout, on ne sait pas ?... En y mettant le prix...

Enfin n'y pensons plus, et revenons au Théâtre Populaire. — On croit avoir répondu à tous desiderata en y faisant jouer soit des pièces de l'ancien répertoire, soit des vieux drames essoufflés de romantisme.

Ça n'est pas admirable d'effort... Ce qu'il faudrait trouver, il me semble, c'est une forme d'art qui puisse s'adapter, par l'esprit autant que par le décor, au plus grand nombre. — Ici, je ne prétends pas formuler la vérité, mais ne pourrait-on pas se souvenir des Grecs ?

N'est-ce pas dans Euripide, Sophocle, Eschyle, qu'on trouve ces grands mouvements d'humanité, aux lignes simples, aux effets si naturellement tragiques, qu'ils peuvent être compréhensibles aux âmes les moins filtrées comme les moins prévenues. — (Pour s'en convaincre, que l'on veuille bien imaginer la représentation de l'*Agamemnon d'Eschyle*, si admirablement traduit par Paul Claudel.)

Ne serait-ce pas plus près du peuple que toutes les finesses psychologiques ou mondaines du répertoire contemporain ? Quand il s'agit de faire oublier à des êtres leurs préoccupations domestiques, on ne saurait employer de trop sublimes moyens ; le but étant de les arracher à la vie, il est plutôt nuisible de leur en montrer des transpositions trop exactes, si réussies qu'elles soient.

Ceci m'amène à parler de cet Opéra Populaire, préoccupation récente, dont la réalisation présente les plus sérieuses difficultés... A la grande rigueur, on peut improviser un comédien, l'ancien Théâtre Libre en est un exemple véridique ; il n'existe pas encore de moyens suggestifs assez puissants pour enjoindre au premier passant venu de jouer de la contrebasse. Sans en avoir l'air, ce petit fait a une extrême importance!... Pour un Opéra, il faut un orchestre ; où le trouvera-t-on? Il faut des chanteurs, des choristes, etc... Que va-t-on jouer ? Des œuvres de l'ancien répertoire, comme chez le voisin, quelque vieille *Juive* ou la poussiéreuse *Muette de Portici* ?

Eh bien, si l'on veut, pendant un instant, ne pas croire à un voyage en Utopie, il y a moyen de tout concilier en réunissant le Théâtre Populaire à l'Opéra Populaire, et cela en revenant, ainsi que je l'écrivais plus haut, à la formule théâtrale des anciens Grecs. Retrouvons la Tragédie, en augmentant son décor musical primitif des ressources infinies de l'orchestre moderne et d'un chœur aux innombrables voix ; sans oublier non plus ce qu'on pourra tirer d'effet total de la Pantomime et de la Danse, en en développant le jeu lumineux à l'extrême, c'est-à-dire à la mesure d'une foule. Pour cela, on trouverait de précieux renseignements dans les divertissements que donnent les princes javanais, où la séduction impérieuse du langage sans paroles qu'est la Pantomime atteint presque à l'absolu, parce qu'il procède par des actes et non par des formules. — C'est la misère de notre théâtre que nous ayons voulu le limiter aux seuls éléments intelligibles.

Cela serait tellement beau qu'il deviendrait impossible de supporter autre chose... Paris serait enfin un lieu où accourraient, pèlerins de la Beauté, les peuples de l'Univers. — Pour conclure, tâchons d'être généreux. Pas de petites entreprises basées sur d'hypocrites spéculations. Comme il faut absolument construire un théâtre, aucun de ceux qui existent ne pouvant servir, que le Conseil municipal et l'Etat tâchent de s'entendre, une fois n'est pas coutume.

Surtout, pas un théâtre où l'or accroche désagréablement l'œil. Une salle de gaîté claire et accueillante à tous. (Je n'ai pas besoin d'indiquer la nécessité de places entièrement gratuites.) Au besoin, que l'on fasse un emprunt. Jamais il n'en sera fait qui ait des raisons plus hautes et plus strictement nationales

En outre, il y a une loi de beauté qu'il importe de ne pas oublier ! Malgré l'effort de quelques-uns, nous semblons marcher vers cet oubli, tant la Médiocrité, monstre à mille têtes, a de fidèles dans les sociétés modernes.

XV

RICHARD STRAUSS.

M. Richard Strauss, qui vient de diriger l'orchestre des Concerts Lamoureux, n'est pas du tout parent du *Beau Danube Bleu* : il est né à Munich, en 1864, où son père était musicien de la Chambre royale. C'est à peu près le seul musicien original de la jeune Allemagne ; il tient à la fois de Liszt par sa remarquable virtuosité dans l'art de jouer de l'orchestre, et de notre Berlioz par son souci d'étayer sa musique sur de la littérature. Les titres de ses poèmes symphoniques : *Don Quichotte. Ainsi parlait Zarathoustra, Les équipées de Till Ulenspiegel*, en témoignent. A coup sûr l'art de M. R. Strauss n'est pas toujours aussi spécialement fantaisiste, mais il pense certainement par images colorées et il semble dessiner la ligne de ses idées avec l'orchestre. C'est un procédé peu banal et rarement employé ; M. R. Strauss y trouve, au surplus, une façon de pratiquer le développement tout à fait personnelle ; ça n'est plus la rigoureuse et architecturale manière d'un Bach ou d'un Beethoven, mais bien un développement de couleurs rythmiques ; il superpose les tonalités les plus éperdument éloignées avec un sang-froid absolu qui ne se soucie nullement de ce qu'elles peuvent avoir de « déchirant », mais seulement de ce qu'il leur demande de « vivant ».

Toutes ces particularités se trouvent portées au paroxysme dans *la Vie d'un Héros*, poème symphonique que R. Strauss faisait entendre pour la seconde fois à Paris. — On peut ne pas aimer certains départs d'idées qui frisent la banalité ou l'italianisme exaspéré, mais au bout d'un instant on est pris d'abord par sa prodigieuse variété orchestrale, puis par un mouvement frénétique qui vous emporte là et aussi longtemps qu'il le veut ; on n'a plus la force de contrôler son émotion, on ne s'aperçoit même pas que ce poème symphonique dépasse la mesure d'une patience habituelle à ce genre d'exercice.

Encore une fois, c'est un livre d'images, c'est même de la cinématographie... Mais il faut dire que l'homme qui construisit une pareille œuvre avec une telle continuité dans l'effort est bien près d'avoir du génie.

Il avait commencé par jouer *Italie*, fantaisie

symphonique en quatre parties (œuvre de jeunesse, je crois), où perce déjà l'indépendance future de R. Strauss. Les développements m'en ont paru un peu longs et convenus. Cependant la troisième partie, intitulée : « En rade de Sorrente », est d'une bien jolie couleur... Ensuite, une scène d'amour extraite de *Feuersnot,* son dernier opéra. D'être ainsi détachée de son cadre fait perdre beaucoup à cette scène ; puis comme le programme ne contenait aucune indication, l'ordonnance en était totalement incompréhensible. Tel épisode qui soulevait des torrents d'orchestre paraissait bien formidable pour une scène d'amour ! Il est probable que dans le drame, ce torrent est justifié. Voici peut-être une occasion pour les théâtres de musique de monter quelque chose de nouveau; car je ne pense pas qu'on ait la prétention de nous apprendre quoi que ce soit en jouant les opéras modernes de la jeune Italie ?

M. R. Strauss n'a ni mèche folle, ni des gestes d'épileptique. Il est grand et a l'allure franche et décidée de ces grands explorateurs qui passent à travers les tribus sauvages avec le sourire sur les lèvres. — Il faut peut-être avoir un peu de cette allure pour secouer la civilisation du public ? -- Son front est tout de même d'un musicien, mais les yeux et le geste sont d'un « Sur-homme », comme disait celui qui doit être son professeur d'énergie: Nietzsche... Il a dû lui prendre aussi son beau dédain des sentimentalités niaises et ce qu'il voulait, que la musique ne continuât pas sempiternellement à illuminer nos nuits, tant bien que mal, mais qu'elle remplaçât le soleil. Je puis vous assurer qu'il y a du soleil dans la musique de R. Strauss. On a pu constater que la majorité du public n'aime pas ce genre de soleil, car des dilettanti pourtant fameux donnaient des signes non équivoques de leur impatience. Cela n'a pas empêché, du reste, que l'on saluât R. Strauss d'ovations enthousiastes... Je vous répète qu'il n'y a pas moyen de résister à la domination conquérante de cet homme !

XVI

RICHARD WAGNER.

La Société des Grandes Auditions de France ne m'a pas admis à l'honneur d'entendre l'exécution de *Parsifal* qu'elle vient de donner au Nouveau-Théâtre par les soins de M. Alfred Cortot. M. Cortot est le chef d'orchestre français qui a le mieux profité de la pantomime habituelle aux chefs d'orchestre allemands... Il a la mèche de Nikisch (celui-ci est d'ailleurs Hongrois) et cette mèche est attachante au dernier point par le mouvement passionné qui l'agite à la moindre nuance... Voici qu'elle tombe mélancolique et lassée aux endroits de douceur, de façon à intercepter toute communication entre M. Cortot et l'orchestre... puis voici qu'elle se relève fièrement aux endroits belliqueux... à ce moment M. Cortot avance sur l'orchestre et pointe un menaçant bâton, ainsi que font les « Banderilleros » lorsqu'ils veulent déconcerter le taureau... (Les musiciens d'orchestre ont un sang-froid de Groënlandais, ils en ont vu bien d'autres). Comme Weingartner, il se penche affectueusement sur les premiers violons en leur murmurant d'intimes confidences ; se retourne vers les trombones, les objurgue d'un geste dont l'éloquence peut se traduire ainsi : « Allons, mes enfants, du nerf ! Tâchez d'être plus trombones que nature », et les trombones dociles avalent consciencieusement leurs cylindres.

Il est juste d'ajouter que M. Cortot connaît Wagner dans ses moindres replis et qu'il est parfait musicien. Il est jeune, son amour de la musique est très désintéressé ; voilà assez de raisons pour ne pas lui tenir rigueur de gestes plus décoratifs qu'utiles.

Pour revenir à la Société des Grandes Auditions, a-t-elle voulu, en me privant de *Parsifal*, me punir de mon iconoclasie wagnérienne? Craignit-elle une attitude subversive ou quelque bombe ?... Je ne sais, mais je penserais plus volontiers que ces sortes d'auditions sont faites pour ceux qu'un titre nobiliaire ou de haute société autorise d'assister à ces petites fêtes avec une élégante indifférence pour ce que l'on y joue. La sûre gloire du nom inscrit au programme y dispense d'avoir des lumières et permet d'écouter avec soin le dernier potin, ou de contempler le si joli mouvement de nuque qu'ont les femmes en n'écoutant pas la musique. Pourtant, que la Société des Grandes Auditions prenne garde !... Elle va faire de la musique de Wagner le dernier salon où l'on cause. A tout prendre, c'est agaçant, ce côté de l'art wagnérien qui a d'abord exigé de ses fidèles des pèlerinages coûteux, accompagnés de pratiques mystérieuses. Je sais bien que l' « Art-Religion » était une des idées favorites de Wagner et qu'il avait raison, cette formule étant la meilleure pour aliéner et retenir l'imagination d'un public, mais cela a mal tourné en devenant une sorte de Religion-Luxe qui forcément en excluait beaucoup de gens plus riches en bonne volonté qu'en métal... La Société des Grandes Auditions continuant ces traditions d'exclusivisme me semble aboutir à l' « Art-Mondain » (détestable formule). Wagner, quand il était de bonne humeur, aimait à affirmer qu'il ne serait jamais si bien compris qu'en France. Entendait-il par cela des exécutions purement aristocratiques? Je ne le crois pas... (Le roi Louis II de Bavière l'agaçait assez déjà par des questions d'arbitraire étiquette; sa sensibilité orgueilleuse était trop avertie pour ne pas savoir que la seule vraie gloire ne peut venir que d'une foule et non d'un public plus ou moins filtré et doré.)

On peut donc craindre que ces exécutions, dont le but avoué est la diffusion de l'art wagnérien, ne servent qu'à l'éloigner de la sympathie des foules, façon sournoise de le démoder. — Je ne saurais dire qu'elles hâteront sa fin totale, car il ne pourra jamais complètement mourir. Il subira le déchet fatal, mainmise brutale du temps sur les plus belles choses ; il en restera tout de même de belles ruines à l'ombre desquelles nos petits-enfants iront rêver sur la grandeur passée de cet homme auquel il n'a manqué que d'être un peu plus humain pour être tout à fait grand.

Dans *Parsifal*, dernier effort d'un génie devant lequel il faut s'incliner, Wagner essaya d'être moins durement autoritaire pour la musique ; elle y respire plus largement... Ça n'est plus cet essoufflement énervé à poursuivre la passion maladive d'un Tristan, les cris de bête enragée d'une Isolde ; ni le commentaire grandiloquent de l'inhumanité d'un Wotan. Rien dans la musique de Wagner n'atteint à une beauté plus sereine que le prélude du troisième acte de *Parsifal* et tout l'épisode du Vendredi-Saint, quoique à vrai dire la leçon spéciale que Wagner tirait de l'humanité s'y manifeste quand même dans l'attitude de certains personnages de ce drame : regardez Amfortas, triste chevalier du Graal qui se plaint comme une modiste et geint comme un enfant... Sapristi ! quand on est chevalier du Graal, fils de roi, on se passe sa lance à travers le corps, on ne promène pas une coupable blessure à travers de mélancoliques cantilènes, cela pendant trois actes.

Quant à Kundry, vieille rose d'enfer, elle a beaucoup fourni de copie à la littérature wagnérienne ; j'avoue mon peu de passion pour cette pierreuse sentimentale. Le plus beau caractère dans *Parsifal* appartient à Klingsor (ancien chevalier du Graal, mis à la porte du Saint-Lieu pour des opinions trop personnelles sur la chasteté). Celui-ci est merveilleux de haine rancuneuse ; il sait ce que valent les hommes et pèse la solidité de leurs vœux de chasteté avec de méprisantes balances. Ce de quoi l'on peut arguer sans effort que ce magicien retors, ce vieux cheval de retour, est non seulement le seul personnage « humain », mais l'unique personnage « moral » de ce drame où se proclament les idées morales et religieuses les plus fausses ; idées dont le jeune Parsifal est le chevalier héroïque et niais.

En somme, dans ce drame chrétien, personne ne veut se sacrifier ! (le sacrifice est pourtant l'une des plus belles vertus chrétiennes) et si *Parsifal* retrouve sa lance miraculeuse, c'est grâce à cette vieille Kundry, la vraie sacrifiée dans cette histoire ; double victime offerte aux manigances diaboliques d'un Klingsor et à la sainte mauvaise humeur du chevalier du Graal. L'atmosphère en est certainement religieuse, mais pourquoi certaines voix d'enfants ont-elles de si louches enroulements ? (Pensez une minute à ce que cela aurait pu contenir d'enfantine candeur si l'âme de Palestrina avait pu en dicter l'expression ?)

Tout ce qui précède ne regarde que le poète qu'on a coutume d'admirer chez Wagner et ne peut atteindre en rien la partie décorative de *Parsifal* ; elle est partout d'une suprême beauté. On entend là des sonorités orchestrales, uniques et imprévues, nobles et fortes. C'est l'un des plus beaux monuments sonores que l'on ait élevés à la gloire imperturbable de la musique.

XVII

SIEGFRIED WAGNER.

M. Siegfried Wagner porte alertement le lourd
héritage de gloire qu'a laissé son illustre père... Il
n'a même pas l'air de s'en douter, tant son attitude
sèche et minutieuse a de tranquille assurance. Sa
ressemblance avec son père est grande, mais c'est
une reproduction à laquelle il manque le coup de
pouce de génie de l'original... Dans sa jeunesse on
le destinait, paraît-il, à l'architecture ? Rien n'ap-
prendra jamais si l'architecture a beaucoup perdu
à ce qu'il ait obliqué par la suite vers la musique.
On ne peut affirmer davantage que cette dernière y
ait beaucoup gagné ? A tout prendre, c'est assurément d'un fils respectueux d'avoir tenu à continuer ce que le père avait commencé ; seulement,
ces choses-là ne se font pas avec la facilité que l'on
peut mettre à reprendre un commerce de bonneterie.

Il n'est pas question que Siegfried ignore ce qu'il y a d'infranchissable pour lui dans l'œuvre de son père, mais le fait qu'il ait passé outre contient un sentiment où la plus enfantine des vanités se complique du désir d'honorer une chère mémoire par un travail dédicatoire. Il était d'autre part difficile d'échapper à l'atmosphère ensorcelante de Bayreuth et de ne pas essayer de boire le fond de la coupe du vieux magicien ; il n'est malheureusement resté que la lie du breuvage magique, et ça ne sent plus que le vinaigre. Ces réflexions me sont venues en écoutant les fragments du *Duc Wildfang*, comédie musicale en trois actes de S. Wagner. C'est de la musique honorable, sans plus ; quelque chose comme un devoir d'écolier qui aurait étudié chez R. Wagner, mais dont ce dernier ne se serait pas beaucoup inquiété.

M. S. Wagner, en jouant la *Siegfried-Idyll*, qu'il dirige fort bien du reste, aurait dû peut-être écouter le conseil persuasif de l'amour maternel qui monte doucement de cette œuvre. Elle lui conseillait d'aller libre et joyeux dans la vie, d'ignorer le souci et le désir décevant de la gloire. Elle murmurait son nom et l'entourait d'une lumière qui ne devait plus s'éteindre. Pourquoi a-t-il aspiré à des clartés nouvelles qui resteront douteuses et lui laisseront, malgré tout, le seul titre du fils de Richard Wagner, le seul enviable à mon avis ?

Pourtant, l'âme d'autrui est une forêt obscure où il faut marcher avec précaution. Siegfried Wagner doit avoir des raisons plus fortes que celles par quoi j'essaye de l'expliquer. Comme chef d'orchestre, il m'a paru inférieur à ce qu'exporte habituellement l'Allemagne. Entre autres : M. Weingartner est plus compréhensif et M. Nikisch plus décoratif. Puis, pourquoi tant de minutie dans l'exécution de la Symphonie en *la* de Beethoven? ça la diminue en la rendant même un peu ridicule.

XVIII

CÉSAR FRANCK.

Les *Béatitudes* de C. Franck ne réclament aucun décor, c'est toujours de la musique, c'est au surplus toujours la même belle musique... C. Franck était un homme sans malice auquel d'avoir trouvé une belle harmonie suffisait à sa joie d'un jour. Et si l'on examine d'un peu près le poème des *Béatitudes*, on y trouve un lot d'images et de truismes capable de faire reculer l'homme le plus déterminé. Il fallait le génie sain et tranquille de C. Franck pour pouvoir passer à travers tout cela le sourire sur les lèvres ; un bon sourire d'apôtre prêchant la bonne parole et disant : « Laissez faire.. Dieu reconnaîtra toujours les siens. » On n'en reçoit pas moins une impression bizarre à entendre la mélodie si particulière de C. Franck sur des vers qui déshonoreraient le moindre mirliton. Du reste, on a beaucoup parlé du génie de Franck sans dire jamais ce qu'il a d'unique, c'est-à-dire : l'ingénuité. Cet homme qui fut malheureux, méconnu, avait une âme d'enfant si indéracinablement bonne, qu'il put contempler sans jamais d'aigreur la méchanceté des gens et la contradiction des événements.

C'est ainsi qu'il écrivit ces chœurs trop facilement dramatiques, ces développements en grisaille fatigante et obstinée, qui nous semblent quelquefois déparer la beauté des *Béatitudes*, avec cette candeur confiante qui devient admirable lorsqu'il est face à face avec la musique, devant laquelle il s'agenouille en murmurant la prière la plus profondément humaine qui soit sortie d'une âme mortelle. — Jamais il ne pense mal, ni ne soupçonne l'ennui. Nulle trace de cette rouerie, flagrante chez Wagner, par quoi celui-ci rallume l'attention d'un public, parfois fatigué d'une trop continue transcendance, en exécutant une pirouette sentimentale ou orchestrale.

Chez C. Franck, c'est une dévotion constante à la musique, et c'est à prendre ou à laisser ; nulle puissance au monde ne pouvait lui commander d'interrompre une période qu'il croit juste et nécessaire ; si longue soit-elle, il faut en passer par là. Ceci est bien la marque d'une rêverie désintéressée qui s'interdit tout sanglot dont elle n'aurait pas éprouvé auparavant la véracité.

En cela C. Franck s'apparente aux grands musiciens pour qui les sons ont un sens exact dans leur acception sonore ; ils en usent en leur précision sans jamais leur demander autre chose que ce qu'ils contiennent. Et c'est toute la différence entre l'art de Wagner, beau et singulier, impur et séduisant, et l'art de Franck qui sert la musique sans presque lui demander de gloire. Ce qu'il emprunte à la vie, il le restitue à l'art avec une modestie qui va jusqu'à l'anonymat. Quand Wagner emprunte à la vie, il la domine, met le pied dessus et la force à crier le nom de Wagner plus haut que les trompettes de la Renommée. — J'aurais voulu mieux fixer l'image de C. Franck afin que chaque lecteur en emportât dans sa mémoire un souvenir précis. Il est juste de songer, parmi de trop pressantes préoccupations, aux grands musiciens et surtout d'y faire songer. J'ai pris l'occasion du Vendredi-Saint pour rendre hommage à l'un des plus grands, pensant que cet hommage répondait à l'idée de sacrifice qu'évoque la grandeur de l'homme dans la sainteté du jour.

XIX

L'OUBLI.

Vraiment certains morts sont trop discrets et
attendent trop longtemps la mélancolique répara-
tion qu'est la gloire posthume.

Pour soulever le voile de la mort, il faut des
mains scrupuleuses, et généralement les exhuma-
tions sont faites par des mains maladroites ou soup-
çonneuses, qui rejettent dans l'oubli ces pauvres
fleurs funèbres, guidées par un vilain et secret
égoïsme. A vrai dire, le monument de gloire qu'est
J.-S. Bach nous cache Haendel : de celui-ci on
ignore des oratorios plus nombreux que les sables
de la mer ; comme ceux-ci ils contiennent plus de
cailloux que de perles ; il n'en est pas moins sûr
qu'avec de la patience et du goût, on y trouverait de
l'intérêt.

Un autre maître (pour celui-là c'est l'oubli sans

phrase), Alessandro Scarlatti, fondateur de l'Ecole Napolitaine, est tout à fait stupéfiant par le nombre et la diversité des œuvres qu'il écrivit. On croit rêver quand on constate que, né en 1659, il avait écrit vers 1715 plus de cent six opéras! sans compter tout ce qui peut s'écrire en musique. — Seigneur! que cet homme devait être doué, et où pouvait-il prendre le temps de vivre? — Nous connaissons de lui une *Passion* selon saint Jean qui est un petit chef-d'œuvre de grâce primitive, où la façon d'écrire les chœurs a la couleur d'or pâle, qui cernait si joliment le profil des vierges qu'on voit aux fresques du temps. C'est beaucoup moins fatigant à entendre que l'*Or du Rhin*, et l'émotion apaisée qui s'en dégage est doucement réconfortante. Je ne sais pas comment cet homme trouva le temps d'avoir un fils et d'en faire un claveciniste distingué. Il est encore goûté à notre époque sous le nom de Domenico Scarlatti.

Il y en a d'autres encore... Rassurez-vous, je n'ai pas l'intention de contribuer à l'histoire de la musique. Seulement je voulais insinuer qu'on a peut-être tort de jouer toujours les mêmes choses, ce qui peut faire croire à de très honnêtes gens que la musique est née d'hier, tandis qu'elle a un Passé dont il faudrait remuer les cendres : elles contiennent cette flamme inéteignable à laquelle notre Présent devra toujours une part de sa splendeur.

XX

E. GRIEG.

M. E. Grieg est ce compositeur scandinave qui fut si peu gentil pour la France lors de « l'Affaire... ». Dans une lettre en réponse à une invitation de M. Colonne à venir diriger son orchestre, M. Grieg déclara nerveusement qu'il ne voulait plus mettre les pieds dans un pays qui comprenait si mal la liberté... La France dut donc se passer de M. Grieg, mais il paraît que M. Grieg ne peut se priver de la France, puisque aujourd'hui il veut bien... passer l'éponge et les frontières pour conduire cet orchestre français, objet de son mépris scandinave de jadis... Par ailleurs, « l'Affaire » se meurt et M. Grieg a près de soixante ans ! C'est un âge où doivent nécessairement s'apaiser les colères pour faire place à la douce philosophie du sage, qui contemple le jeu des événements en spectateur qui en a pesé et jugé l'irrésistible force. Et puis, on a beau être Scandinave : on n'en est pas moins homme... Il est dur de se priver de l'enthousiasme que Paris réserve si gentiment aux étrangers, dont plus d'un n'a même pas la valeur sonore de M. Grieg.

J'ai bien cru un moment que je n'allais pouvoir vous donner, sur la musique de Grieg, que des impressions de couleur !... D'abord, le nombre des Norvégiens qui fréquentent habituellement le Concert Colonne s'était accru du triple ; jamais il ne nous a été donné de contempler tant de cheveux roux et de chapeaux extravagants (les modes de Christiania me semblent retarder quelque peu). Puis, le concert avait commencé par la double exécution d'une ouverture intitulée *Automne* et d'une foule d'admirateurs de Grieg, dont un commissaire de police, plus zélé que mélomane, a envoyé l'enthousiasme prendre le frais sur les quais qui bordent la Seine. Maintenant, craignait-on une attitude contradictoire ?

Il ne m'appartient pas de l'affirmer, mais M. Grieg s'est attiré pendant un instant les épithètes les plus fâcheuses et du même coup je n'ai pu entendre ce morceau, tout occupé que j'étais de parlementer avec de brillants et sévères municipaux.

Enfin ! J'ai pu voir M. Grieg... De face, il a l'air d'un photographe génial ; de dos, une façon de porter les cheveux le fait ressembler à ces plantes appelées « soleil », chères aux perroquets et à ces jardins qui font l'ornement des petites gares de province. Malgré son âge, il est allègre et sec, et conduit l'orchestre avec une minutie nerveuse qui s'inquiète, souligne toutes les nuances, distribue l'émotion avec un infatigable soin.

On peut regretter que le séjour de M. Grieg à Paris ne nous ait rien appris de nouveau sur son art : il reste un musicien délicat quand il s'assimile la musique populaire de son pays, quoiqu'il soit loin d'en tirer le parti que MM. Balakirev et Rimski Korsakov trouvent dans l'emploi de la musique populaire russe. Ceci ôté, il n'est plus qu'un musicien adroit plus soucieux d'effet que d'art véritable. Il paraît que son véritable initiateur fut un jeune homme de son âge, un génie né qui promettait un grand musicien, quand il mourut à vingt-quatre ans : Richard Nordruck. Cette mort est doublement regrettable puisqu'elle priva la Norvège d'une gloire et Grieg d'une influence amicale qui l'aurait certainement empêché de s'égarer dans des chemins perfides... Autre part, Grieg assume un but pareil à « Solness le constructeur » (un des derniers drames d'Ibsen), « bâtir pour les enfants des hommes une maison où ils se trouvent chez eux et heureux... »

Je n'ai trouvé aucune trace de cette belle image dans ce que M. Grieg nous fit entendre hier. Maintenant, nous ne connaissons rien de ses dernières œuvres ? Peut-être sont-elles les « maisons heureuses » dont parle Ibsen ! En tout cas, M. Grieg ne nous a pas donné la joie d'y entrer ; l'accueil triomphal qu'il reçut hier peut le récompenser d'avoir pris la peine de venir en France. Que notre souhait le plus vif soit qu'il nous juge dignes, dans l'avenir, de nous trouver, sinon « chez nous », du moins heureux par sa musique.

XXI

V. D'INDY.

L'*Etranger* est ce que les personnes dogmatiques appellent « une hautaine et pure manifestation d'art » ; à mon humble avis, c'est mieux que
cela.

C'est la libération de formules certainement
pures et hautaines, mais qui avaient d'un mécanisme d'acier le froid, le bleu, le fin et le dur. La
musique s'y manifestait très belle, mais comme en-
gainée, cela vous stupéfiait avec une telle maîtrise
que l'on osait à peine être émotionné, — ce n'eût
pas été convenable.

Quoi qu'on en ait dit, jamais l'influence de
Wagner ne fut réellement profonde chez d'Indy ;
l'héroïque cabotinisme de l'un ne put s'allier à la
probité artistique de l'autre. Si *Fervaal* est encore
soumis à la tradition wagnérienne, il s'en défend

par sa conscience, son dédain de l'hystérie grandiloquente qui surmènent les héros wagnériens.

Je sais bien que l'on reprochera à Vincent d'Indy de s'être libéré, de n'aimer plus autant le feu du « Rendez-vous des thèmes », — joie des vieux wagnériens, renseignés d'avance par de spéciaux indicateurs.

Que ne s'est-il libéré tout à fait de ce besoin de tout expliquer, tout souligner qui alourdit parfois les scènes les plus belles de l'*Etranger!*

A quoi bon tant de musique pour un douanier, personnage anecdotique, dont je comprends l'intérêt d'opposition à l'humanité débordante de l'*Etranger*, mais qu'on pouvait souhaiter plus falot, plus vraiment : un de ces vagues humains qui ne songent qu'à leur petite vilaine peau ?

L'action dramatique de l'*Etranger* n'est pas, malgré sa simplicité, un brutal fait-divers. Elle se passe dans un petit village de pêcheurs, au bord de la mer. Un homme est venu depuis peu s'établir dans ce village ; on l'appelle l'Etranger, faute d'un autre nom ; il est violemment antipathique, ne fréquentant ni ne parlant à personne ; son bonnet est surmonté d'une émeraude qui naturellement lui vaut une réputation de sorcier. Il essaye d'être serviable et bon ; donnant sa part de pêche à ceux qui n'ont pu rien prendre, essayant de délivrer un malheureux que l'on traîne à la prison, — mais l'autorité n'aime pas les symbolistes, — les pêcheurs non plus.

Par deux phrases simples de lignes, Vincent d'Indy a exprimé très clairement ce personnage de l'Etranger. C'est un héros chrétien qui se rattache directement à cette lignée de martyrs qui accomplissaient sur terre une mission de charité imposée par Dieu. L'Etranger est donc le fidèle serviteur que le Maître a voulu tenter par l'amour de la femme, et dont le cœur a faibli, et que la mort seule pourra racheter.

Jamais la musique moderne n'a trouvé d'expression plus profondément pieuse, plus chrétiennement charitable. C'est en vérité une conviction profonde chez d'Indy qui rend ces deux phrases si souverainement bonnes ; elles illuminent le sens profond du drame mieux que n'importe quel commentaire symphonique.

Pourtant une jeune fille, Vita, est attirée par le mystère et la tristesse songeuse de cet homme ; elle aime d'ailleurs profondément la mer, confidente habituelle de ses chagrins, de ses désirs secrets. Vita, est, d'autre part, la fiancée d'André, le beau douanier, qui révèle, dans une scène familière, une âme d'égoïste satisfait. C'est un fonctionnaire qui ne comprendra jamais qu'une jeune fille peut rêver à autre chose qu'à un beau douanier.

Dans une scène où Vita et l'Etranger sont en

présence, l'intrigue se noue. Vita avoue son amour. La mer n'est plus sa confidente depuis que l'Etranger est là... Ce dernier, profondément troublé, laisse échapper son douloureux secret : « Adieu, Vita, le bonheur je te souhaite... Moi, je pars dès demain, car je t'aime, je t'aime, oui, je t'aime d'amour, et... tu le savais bien. »

En effet, Vita est jeune, et Vita est fiancée. L'Etranger a perdu, en prononçant les paroles d'amour, la pureté de cœur qui faisait sa force. Car la solitude morale est nécessaire à la mission rédemptrice qu'il a assumée. Se dévouer à tous défend de se dévouer à un seul. Ça n'est pas gai tous les jours de pouvoir faire des miracles. Enfin, l'Etranger est vieux, et ce souci purement humain ne me déplaît pas chez ce personnage miraculeux.

D'avoir oublié sa mission un instant, l'empêchera à l'avenir de continuer son œuvre de charité. Il donne à Vita l'émeraude désormais inutile et lui dit à jamais adieu. Vita, sanglotante, jette dans la mer inquiétante, d'où s'élèvent des voix mystérieuses, l'émeraude sacrée, qui a fait son malheur. La mer se referme sur cette pierre, avec une joie sauvage de toutes ses vagues, d'avoir repris ce talisman qui jadis l'apaisait malgré elle. La tempête s'élève, une barque est en perdition. On pense bien que les bons pêcheurs du premier acte n'oseront pas lui porter secours. André, le beau douanier, profite du désarroi général pour venir montrer à Vita son nouveau galon et lui offrir un bracelet en argent fin. Ce douanier abuse du droit de l'égoïsme et Vita lui prouve, par son silence, combien il est insupportable. Il s'en va sans honte et l'Etranger survient, ramené par le danger, ordonne d'amener un canot, et va partir seul, personne ne voulant se dévouer avec lui. Vita s'élance, et dans un des plus beaux cris que l'amour ait jamais jeté, elle accompagne l'Etranger. Ils s'embarquent, disparaissent parmi la furie des lames, qu'ils n'ont plus le pouvoir de calmer. Un vieux marin suit leur lutte des yeux. Puis tout à coup, la corde qui les maintenait au rivage se rompt. Le vieux marin ôte son bonnet, en prononçant les paroles du *De Profondis*. Ces deux âmes ont trouvé le repos dans la mort qui, seule, eut pitié de leur impossible amour.

Libre celui qui cherchera d'insondables symboles dans cette action. J'aime à y voir une humanité que Vincent d'Indy n'a revêtue de symbole que pour rendre plus profond cet éternel divorce entre la Beauté et la vulgarité des foules.

Sans m'attarder à des questions de technique, je veux rendre hommage à la sereine bonté qui plane sur cette œuvre, à l'effort de volonté à éviter toute complication et surtout à la hardiesse tranquille de Vincent d'Indy à aller plus loin que lui-même.

Et si tout à l'heure je me plaignais de trop de musique, c'est que, çà et là, elle me paraît nuire à cet épanouissement complet qui orne d'inoubliable beauté tant de pages de l'*Etranger*. Enfin, cette œuvre est une admirable leçon pour ceux qui croient à cette esthétique brutale et d'importation qui consiste à broyer la musique sous des tombereaux de vérisme.

Le Théâtre de la Monnaie et ses directeurs se sont grandement honorés en montant l'*Etranger* avec un soin artistique digne de tous les éloges — peut-être aurait-on pu exiger une mise en scène plus rigoureuse. On doit bien être reconnaissant d'un acte qui, même à notre époque, demeure un acte de courage.

Je ne vois qu'à louer M. Sylvain Dupuis et son orchestre de leur compréhension si précieuse pour le musicien. M. Albert et Mlle Friché ont contribué au triomphe qui a salué le nom de l'auteur. Tout le monde, d'ailleurs, a montré un zèle touchant, et je ne vois pas pourquoi l'on ne féliciterait pas la ville de Bruxelles ?

XXII

LE Dr RICHTER.

Il ne m'appartient pas de savoir exactement
« à quoi tient la supériorité des Anglo-Saxons », mais
entre autres choses ils ont Covent-Garden... Ce
théâtre a ceci de particulier que la musique y est
à son aise. On s'y est aussi beaucoup moins préoccupé
de décoration somptueuse que de parfaite acous-
tique, l'orchestre en est nombreux et strictement
attentif ; au surplus, M. André Messager en assume
les responsabilités artistiques avec un goût parfait
et sûr qui ne surprendra personne, il me semble.
Vous voyez combien tout ceci est curieux puisque
l'on a pensé qu'un musicien pouvait s'occuper utile-
ment d'un théâtre de musique ! En vérité, ces gens
sont fous ou peut-être routiniers ! En tout cas je
ne tenterai pas de comparaisons ; elles constate-
raient trop victorieusement l'indigence de nos moyens
et notre orgueil national pourrait en souffrir...
Seulement, ne faussons pas les trompettes de la

Renommée pour célébrer la gloire de notre Opéra,
ou mettons une sourdine.

Je viens d'assister aux représentations de l'*Or
du Rhin* et de la *Walkyrie*... Il me paraît impossible
d'atteindre à plus de perfection. Si on peut en criti-
quer les décors ou certains jeux de lumière, il faut
rendre hommage aux soins artistiques qui minu-
tieusement les entourèrent.

Le docteur Richter dirigea la première exécution de la Tétralogie de Bayreuth en 1876. A cette
époque, ses cheveux et sa barbe étaient d'un blond
ardent ; depuis, ses cheveux sont tombés, mais
derrière ses lunettes d'or, les yeux ont conservé
une lumière admirable... Des yeux de prophète,
qu'il est en réalité et qu'il ne cesse d'être, au moins
au profit de la religion wagnérienne, que par suite
de la décision prise par Mme Cosima Wagner, de
le remplacer par son estimable autant que médiocre
fils : Siegfried Wagner.

C'était parfait à un point de vue d'économie
domestique, mais déplorable pour la gloire de Wagner... A un homme comme lui, il faut des hommes
comme Richter, Lévy ou Mottl... Ils font partie
de la prodigieuse aventure qui lui fait rencontrer
à un point nommé : un roi. Sans parler de Liszt
qu'il pilla consciencieusement, à quoi ce dernier
n'opposa jamais que l'acquiesçante bonté d'un
sourire.

Il y avait du thaumaturge dans Wagner, et cette impunité dans la domination excusa presque son imperturbable vanité.

Si Richter ressemble à un prophète, quand il dirige l'orchestre c'est le bon Dieu... (et encore soyez sûr que le bon Dieu ne risquerait cette aventure qu'après avoir demandé quelques conseils à Richter).

Pendant que sa main droite armée d'un petit bâton sans prétention assure la précision des rythmes, sa main gauche se multiplie, indiquant à tout le monde ce qu'il doit faire. Cette main est « ondoyante et diverse », sa souplesse est invraisemblable. Puis, lorsque l'on croit qu'il n'y a vraiment pas moyen d'avoir plus de richesse sonore, ses deux bras se lèvent à la fois, l'orchestre bondit à travers la musique avec une fougue irrésistible qui balaie, comme fétu de paille, l'indifférence la plus enracinée. Toute cette pantomime reste discrète, sans jamais accrocher désagréablement l'œil, ni s'interposer entre la musique et le public.

J'ai essayé vainement de voir ce prodigieux homme. C'est un sage qui se dérobe farouchement à l'interview... Pendant un instant j'ai pu l'apercevoir faisant répéter *Fafner*, le pauvre dragon sur lequel Siegfried, petite brute héroïque, essayera tout à l'heure la vertu de son épée... On comprendra, j'en suis sûr, mon émotion à contempler, courbé sur un piano, le consciencieux vieil homme, accomplissant une besogne d'anonyme répétiteur... Dérange-t-on un pareil brave homme sous le futile prétexte de lui arracher des confidences? Ne serait-ce pas aussi exorbitant que l'offre outrecuidante de se faire arracher subitement une dent ?

Vous pensez bien qu'on avait écrémé les théâtres d'Allemagne pour trouver les chanteurs dignes d'une pareille exécution ; il faudrait les citer tous... J'en détacherai pour aujourd'hui M. Van Dick qui eut la fantaisiste ironie de Loge dans l'*Or du Rhin* et le lyrisme passionné de Siegmund dans *Walkyrie*. M. Lieban, dans le rôle du nain Mime, incroyable de sournoiserie rampante, chante merveilleusement malgré cela. Ces deux hommes sont de grands artistes... Mlle Zimmermann fait presque oublier Mme Caron qui avait revêtu la figure de Sieglinde, d'un charme si angoissant. Quant aux trois filles du Rhin, je vous souhaiterai simplement de les entendre...

Le public anglais écoute avec une attention, on peut dire forcenée. S'il y a ennui, cela ne se trahit jamais ; la salle étant, d'autre part, plongée dans l'obscurité pendant la durée des actes, on peut même y dormir en toute sécurité. On applaudit seulement à la fin de chaque acte, tradition essentiellement wagnérienne ; et le docteur Richter s'en va content, insensible aux ovations, peut-être impatient d'une bière réparatrice.

XXIII

BERLIOZ.

Berlioz n'eut jamais de chance. Il souffrit de
l'insuffisance des orchestres et des intelligences de
son temps. Voici aujourd'hui que le génie inventif
de M. Gunzbourg, avec l'appui de la Société des
Grandes Auditions Musicales de France, se charge
de revoir et d'augmenter sa gloire posthume en
adaptant à la scène la *Damnation de Faust*.

Sans parti pris, on peut au moins opposer à
cette adaptation le fait indéniable que, Berlioz étant
mort sans laisser d'indications précises sur son opportunité, elle est d'une esthétique discutable. Au
surplus, chausser les souliers d'un mort sans y être
autrement invité me paraît envoyer promener bien
délibérément ce sentiment de respect que nous avons
habituellement pour les morts ; mais, encore une
fois, la confiance que M. Gunzbourg n'a jamais cessé
d'avoir dans son génie lui permet tout naturellement

de traiter Berlioz comme un frère et d'exécuter des volontés qui lui sont parvenues probablement d'outre-tombe.

En cela, M. Gunzbourg continue cette regrettable coutume qui veut que les chefs-d'œuvre engendrent : les commentateurs, les adaptateurs, les tripatouilleurs... race innombrable, dont les représentants naissent sans mandat bien précis, que celui d'entourer d'un brouillard de mots et d'épithètes considérables les pauvres susdits chefs-d'œuvre.

Il n'y a pas que Berlioz, hélas ! Il y a le célèbre *Sourire de la Joconde,* qu'une curieuse obstination étiqueta à jamais de « mystérieux »... La symphonie avec chœurs de Beethoven, laquelle prêta à des interprétations tellement surhumaines que de cette œuvre si forte et si claire on ne fit, pendant longtemps, qu'un épouvantail à public... L'œuvre entière de Wagner, dont il fallut la solidité pour qu'elle résistât à la fougue industrieuse de ses compilateurs.

Toutes ces pratiques représentent une sorte de littérature spéciale et même une profession classsée qui mène à tout, à condition de n'en jamais sortir, le soin de parler des autres supprimant inévitablement celui de parler de soi-même, besogne parfois dangereuse. Par certains côtés, cela est louable ; par d'autres, il ne faut peut-être y voir qu'une insuffisance, que plus ou moins d'habileté peut rendre notoire.

Jusqu'ici, Berlioz avait échappé à cet envahissement. Seuls, M. Jullien, dans un livre admirablement documenté, avait raconté pieusement le calvaire de cette gloire, et M. Fantin-Latour, rêvé lithographiquement d'après cette musique. D'ailleurs, par son souci de la couleur et de l'anecdote, Berlioz a été immédiatement adopté par les peintres; on peut même dire sans ironie que Berlioz fut toujours le musicien préféré de ceux qui ne connaissaient pas très bien la musique... les gens du métier s'effarent encore de ses libertés harmoniques (ils disent même ses « gaucheries »), et le « va te promener » de sa forme. Sont-ce les raisons qui rendent presque nulle son influence sur la musique moderne et qui resta, en quelque sorte, unique ? En France, je ne vois guère que dans Gustave Charpentier où l'on puisse retrouver un peu de cette influence, encore n'est-ce qu'à un point de vue décoratif, l'art de Charpentier étant indubitablement personnel, quant à ce qu'il veut intimement de la musique.

Ceci m'amène à dire que Berlioz ne fut jamais, à proprement parler, un musicien de théâtre. Malgré les réelles beautés que contiennent les *Troyens*, tragédie lyrique en deux parties, des défauts de proportion en rendent la représentation difficile et l'effet presque uniforme, pour ne pas dire ennuyeux... Du reste, Berlioz n'apporte là aucune invention. Il s'y souvient de Gluck, qu'il aimait passionnément,

et de Meyerbeer, qu'il détestait religieusement. Non,
ce n'est pas là où il faut chercher Berlioz... C'est
dans la musique purement symphonique ou bien
dans cette *Enfance du Christ*, qui est peut-être son
chef-d'œuvre, sans oublier la *Symphonie fantastique* et la musique pour *Roméo et Juliette*.

Mais M. Gunzbourg veillait et dit : « Mon cher
» Berlioz, vous n'y connaissez rien !... Si vous n'avez
» pas réussi au théâtre, c'est que je ne pouvais mal-
» heureusement pas vous aider de mon expérience...
» Enfin, vous êtes mort et nous allons pouvoir re-
» mettre tout en place. Tenez ! vous avez fait une
» légende dramatique : la *Damnation de Faust*. Ça
» n'est pas mal, mais ça ne vit pas ! Ainsi quel intérêt
» voulez-vous qu'on prenne à votre « Marche hon-
» groise » si on ne voit pas s'agiter des soldats dans
» le fond de la scène ?... Et ce « ballet des Sylphes »,
» c'est gentil de musique, quoique vous ne me ferez
» jamais croire qu'un simple orchestre symphonique
» puisse remplacer le charme d'une danseuse !... Et
» cette « Course à l'abîme », c'est terrifiant, mon cher !
» Mais vous allez voir, ça sera angoissant et terrible.
» Je détournerai le cours des rivières pour fournir
» des cascades naturelles ; je ferai pleuvoir du vrai
» sang, fourni par les abattoirs ; les chevaux de Faust
» et de Méphistophélès fouleront de vrais cadavres.
» D'ailleurs, vous ne pourrez vous mêler de rien,
» heureusement ! Vous étiez si bizarre, étant vivant,

» que votre présence ne pourrait que tout gâter. »

Ayant ainsi parlé, M. Gunzbourg se mit à l'œuvre et adapta éperdument. Tout en cheminant à travers la *Damnation*, il se convainquit une fois de plus que ce « sacré Berlioz » n'y connaissait décidément rien... « Trop de musique », bougonnait-il, « et comme c'est facile ! » mais « ça manque de lien, il me faut des » récits. Dommage tout de même qu'il soit vraiment » mort !... Tant pis, nous nous en passerons... » Et M. Gunzbourg se passa de Berlioz, fit faire des récits et dérangea l'ordre des scènes. Tout lui fut, ou à peu près, prétexte à ballets, figuration, et le résultat donna une œuvre où les artifices de la féerie se mêlèrent aux agréments qu'offrent les Folies-Bergère.

Mon Dieu ! à Monte-Carlo ça pouvait marcher. On n'y vient pas absolument pour entendre des œuvres d'art, et la musique y prend à peu près l'importance d'une jolie après-midi. Les délicieux rastaquouères qui en font l'ornement n'y regardent pas de si près, et les charmantes demoiselles cosmopolites n'y voient qu'un accompagnement discret autant qu'utile à leurs sourires...

Pour Paris, il fallait trouver mieux. C'est ici qu'intervient la Société des Grandes Auditions, dont l'éclectisme bien connu ne recule devant aucun sacrifice. Cette fois-ci, elle me paraît avoir sacrifié jusqu'au bon goût le plus simple. Son désir de donner à la France des leçons de haute musique l'a,

je crois, entraînée plus loin qu'il n'est permis.
Quoique les gens du monde puissent se tromper
plus que les autres, en raison de leur manque d'entraînement dans la matière. Et l'on trouva aussi
des chanteurs admirables, comme M. Renaud, qui
est peut-être le seul artiste qui fasse supporter le
Méphistophélès imaginé par la verve de M. Gunzbourg, tant il y apporte de tact et de goût personnel.
M. Alvarez et Mme Calvé sont trop célèbres pour
ne pas être parfaits, même dans la *Damnation*. Dieu
sait, pourtant, quels rôles de marionnettes ils assument!

Enfin, il y a deux personnages qui n'en revien-
nent pas, d'abord *Faust !* Que voulez-vous, il a bien
retrouvé M. Colonne, mais il s'étonne de remplir
les mesures où il avait l'habitude de rester tranquille, par une pantomime qu'il cherche vainement
à s'expliquer. Puis, la musique regimbe aussi, elle
a conscience d'être quelquefois de trop, et même
complètement inutile. Elle est si peu de la musique
de théâtre, la pauvre, qu'elle a honte d'être sonore
et de participer si maladroitement au mouvement
scénique que M. Gunzbourg lui imposa.

Désormais, M. Gunzbourg peut dormir tranquille, il aura son buste en face de celui de Berlioz,
dans les jardins de Monte-Carlo ; il y sera même
beaucoup plus à sa place, et Berlioz n'aura vraiment
pas à se plaindre du voisinage.

XXIV

GOUNOD.

Beaucoup de gens sans parti pris, c'est-à-dire qui ne sont pas musiciens, se demandent pourquoi l'Opéra s'obstine à jouer *Faust*. Il y a à cela plusieurs raisons dont la meilleure est que l'art de Gounod représente un moment de la sensibilité française. Qu'on le veuille ou non, ces choses-là ne s'oublient pas.

A propos de *Faust*, des musicographes éminents ont reproché à Gounod d'avoir travesti la pensée de Gœthe ; les mêmes éminents personnages ne pensèrent jamais à s'apercevoir que Wagner avait peut-être faussé le personnage de Tannhæuser qui, dans la légende, n'est pas du tout le bon petit garçon repentant qu'en a fait Wagner et dont le bâton brûlé du souvenir de Vénus n'a jamais voulu refleurir. Dans cette aventure, Gounod est peut-être pardonnable parce qu'il est Français ; tandis que Tannhæuser et Wagner étant tous les deux Allemands, cela reste sans excuse.

Nous aimons tant de choses en France que nous en aimons peu la musique. Pourtant il y a des gens très forts qui d'en entendre tous les jours et de toutes les marques se déclarent musiciens. Seulement, ils n'écrivent jamais de musique... ils encouragent les autres. C'est généralement comme cela que l'on crée une école. A ceux-là, n'allez pas parler de Gounod ; ils vous mépriseraient du haut de leurs dieux, dont la qualité la plus charmante est d'être interchangeable. Gounod ne faisait partie d'aucune école. Et c'est un peu l'attitude habituelle des foules qui, à beaucoup de sollicitations esthétiques, répondent en retournant à ce à quoi elles se sont accoutumées. Ce n'est pas toujours du meilleur goût. Cela oscille, sans précaution, du *Père la Victoire* à la *Walküre*, mais c'est ainsi. Les personnes qui composent si curieusement l'élite peuvent battre du tambour pour des noms célèbres ou autorisés, cela passe comme une forme de chapeau. Rien n'y fait ; les éducateurs y perdent leur souffle ; le grand cœur anonyme de la foule ne se laisse pas prendre ; l'art continue à souffler où il veut... L'Opéra s'obstine à jouer *Faust*.

On devrait, pourtant, en prendre son parti et admettre que l'art est absolument inutile à la foule.

Il n'est pas davantage l'expression d'une élite, — souvent plus bête que cette foule — ; c'est de la beauté en puissance qui éclate au moment où il le faut, avec une force fatale et secrète. Mais on ne commande pas plus aux foules d'aimer la beauté qu'on ne peut décemment exiger qu'elles marchent sur les mains. En passant, il est à remarquer que, sans préparation aucune, l'action de Berlioz sur la foule est presque unanime.

Si l'influence de Gounod est niable, celle de Wagner est évidente ; pourtant, elle n'atteignit jamais que les spécialistes, ce qui revient à dire qu'elle est incomplète. Il faut avouer que rien ne fut plus mélancolique que cette école néo-wagnérienne où le génie français sombra dans des contrefaçons de « Wotans » en demi-bottes et de « Tristans » en veston de velours.

Si Gounod ne décrit pas la courbe harmonieuse qu'on pouvait lui souhaiter, on doit le louer d'avoir su échapper au génie impérieux de Wagner, dont le concept tout allemand ne se justifie pas très nettement dans ce qu'il voulut d'une fusion des arts : ce qui maintenant n'est guère plus qu'une formule qui achalande la littérature.

Gounod, avec ses défaillances, est nécessaire. D'abord : il est cultivé ; il connaît Palestrina, collabore avec Bach. Son respect des traditions est assez clairvoyant pour ne pas clamer le nom de Gluck —

autre influence étrangère assez mal déterminée. — Il recommande plutôt Mozart à l'amour de jeunes gens, — preuve de grand désintéressement ; car jamais il ne s'en inspira. Ses relations avec Mendelssohn furent plus transparentes, puisqu'il lui doit cette façon de développer la mélodie en étagère, si commode quand on n'est pas en train (influence, en somme, peut-être plus directe que celle de Schumann). Au surplus, Gounod laisse passer Bizet, et c'est très bien. Malheureusement, ce dernier meurt trop tôt, et quoique laissant un chef-d'œuvre, les destinées de la musique française sont remises en question. La voici encore, telle une jolie veuve qui, n'ayant autour d'elle personne d'assez fort pour la conduire, se laisse aller dans des bras étrangers qui la meurtrissent. On ne peut nier qu'en art certaines alliances ne soient nécessaires ; au moins faut-il y apporter quelque délicatesse ; et, choisir celui qui crie le plus fort n'est pas suivre le plus grand. Ces alliances ne sont trop souvent qu'intéressées et cachent plutôt le moyen de ranimer un succès défaillant. Comme les mariages de raison, cela finit mal. Recevons généreusement ce qui s'importe d'art en France ; seulement, ne nous laissons pas duper, ne tombons pas dans l'extase à propos de mirlitons. Soyons persuadés que cette attitude n'a pas de réciproque ; bien au contraire, notre amabilité donne aux étrangers cette sévérité sans civilité, à peine ridicule, puisque nous l'avons provoquée. Pour conclure ces notes trop brèves pour les idées qu'elles remuent, et, quelquefois, contradictoires à Gounod, prenons sans raideur dogmatique l'occasion de saluer respectueusement son nom. Constatons encore que les raisons de durer dans la mémoire des hommes sont multiples et n'ont pas toujours besoin d'être considérables ; émouvoir une grande partie de ses contemporains est un des meilleurs moyens. Nul ne songera à nier que Gounod s'y employa généreusement.

XXV

LETTRE OUVERTE
à *Monsieur le Chevalier W. Gluck.*

« Monsieur,

» Vais-je vous écrire ou vous évoquer ? Ma
lettre ne vous arrivera vraisemblablement pas, et
il est douteux que vous consentiez à quitter le séjour
des ombres heureuses pour venir causer avec moi
des destinées d'un art, dans lequel vous avez suffi-
samment excellé, pour désirer que l'on vous laisse
en dehors des discussions qui ne cessent de l'agiter.
J'userai donc alternativement de l'écriture ou de
l'évocation en vous dotant d'une vie imaginaire qui
permet certaines licences. Veuillez excuser le manque
d'admiration pour votre œuvre ; je n'en oublierai
pas le respect dû à un homme aussi illustre que vous.

» En somme, vous fûtes un musicien de cœur.

Des mains royales tournèrent les pages de vos manuscrits, en penchant sur vous l'approbation d'un sourire fardé. On vous tracassait bien un peu avec un nommé Piccini qui écrivit plus de soixante opéras. Vous supportiez en cela une loi commune qui veut que la quantité remplace la qualité et que les Italiens aient encombré de tout temps le marché musical. — Le Piccini ci-dessus est tellement oublié qu'il a dû prendre le nom de Puccini pour arriver à se faire jouer à l'Opéra-Comique. — Par ailleurs, ces discussions entre abbés élégamment érudits et encyclopédistes dogmatiques devaient vous importer assez médiocrement ; les uns comme les autres parlaient de musique avec cette incompétence que vous retrouveriez aussi vive dans notre monde. Et si vous témoigniez d'indépendance en dirigeant, sans perruque, votre bonnet de nuit sur la tête, la première représentation d'*Iphigénie en Aulide*, il vous importait davantage de plaire à votre roi, à votre reine. Mais, voyez-vous, votre musique garde de ces hautes fréquentations une allure presque uniformément pompeuse : Si l'on y aime, c'est avec une majestueuse décence, et la souffrance même y exécute de préalables révérences... Qu'il soit plus élégant de plaire au roi Louis XVI qu'au monde de la troisième République est une question que votre état de « mort » m'empêche de résoudre par l'affirmative.

» Votre art fut donc essentiellement d'apparat et de cérémonie. Les gens du commun n'y participèrent que de loin… Ils regardaient passer les autres (les heureux… les satisfaits !) Vous représentiez en quelque sorte, pour eux, le mur derrière lequel il se passe quelque chose.

» Nous avons changé tout cela, Monsieur le chevalier, nous avons des prétentions sociales et nous voulons toucher le cœur des foules. — Ça n'en va pas mieux et nous n'en sommes pas plus fiers pour cela ! (vous ne vous figurez pas combien nous avons de mal à fonder un Opéra populaire).

» Malgré le côté « luxe » de votre art, il a eu beaucoup d'influence sur la musique française. On vous retrouve d'abord dans Spontini, Lesueur, Méhul, etc… ; vous contenez l'enfance des formules wagnériennes et c'est insupportable (vous verrez pourquoi tout à l'heure). Entre nous, vous prosodiez fort mal ; du moins, vous faites de la langue française une langue d'accentuation quand elle est au contraire une langue nuancée. (Je sais… vous êtes Allemand.) Rameau, qui aida à former votre génie, contenait des exemples de déclamation fine et vigoureuse qui auraient dû mieux vous servir — je ne parle pas du musicien qu'était Rameau pour ne pas vous désobliger. — On vous doit aussi d'avoir fait prédominer l'action du drame sur la musique… Est-ce très admirable ? A tout prendre, je vous préfère Mozart, qui vous oublie absolument, le brave homme, et ne s'inquiète que de musique. Pour exercer cette prédominance, vous avez pris des sujets grecs ; cela permit de dire les plus solennelles bêtises sur les prétendus rapports entre votre musique et l'art grec.

» Rameau était infiniment plus grec que vous (ne vous mettez pas en colère, je vais bientôt vous quitter). Il y a plus, Rameau était lyrique, cela nous convenait à tous points de vue ; nous devions rester lyriques sans attendre un siècle de musique pour le redevenir.

» De vous avoir connu, la musique française a tiré le bénéfice assez inattendu de tomber dans les bras de Wagner : je me plais à imaginer que, sans vous, ça ne serait non seulement pas arrivé, mais l'art musical français n'aurait pas demandé aussi souvent son chemin à des gens trop intéressés à le lui faire perdre.

» Pour conclure, vous avez bénéficié des diverses et fausses interprétations que l'on donne au mot « classique » ; d'avoir inventé ce ron-ron dramatique, qui permet de supprimer toute musique, ne suffit pas à légitimer ce classement, et Rameau a des titres plus sérieux à être appelé ainsi.

» Il faut regretter encore une fois votre mort à cause de Mme Caron. Elle a fait de votre Iphigénie une figure de pureté infiniment plus grecque

que vous ne l'avez imaginée. Pas une attitude, pas un geste qui ne furent d'une parfaite beauté.

» Tout ce que vous n'avez pas mis d'émotion intérieure dans ce rôle a été retrouvé par elle. Chacun de ses pas semblait contenir de la musique. Si vous aviez pu voir, au troisième acte, sa façon d'aller s'asseoir près de l'arbre sacré, avant le sacrifice, vous auriez pleuré, tellement il y avait de suprême douleur dans ce simple geste.

» Et quand, à la fin d'*Iphigénie*, vous unissez par les liens de l'hyménée la tendre Iphigénie au fidèle Pylade, Mme Caron a su illuminer sa figure d'un tel rayonnement, que l'on oubliait la quotidienne banalité de ce dénouement, pour ne plus admirer que la couleur violette de ses yeux, dont vous savez qu'elle est particulièrement chère à ceux qui rêvent indéfiniment de la beauté grecque.

» Avec cette femme, votre musique s'immatérialise, on ne peut plus l'étiqueter d'une époque précise, car, par un don qui fait croire à la survivance des anciens dieux, elle a cette âme tragique qui soulève le voile noir du Passé et fait revivre ces villes mortes où le culte de la Beauté s'unissait harmonieusement à celui de l'art.

» M. Cossira vous aurait plu par le charme de sa voix et M. Dufrane par la façon convaincue dont il a rugi les fureurs d'Oreste. Je n'ai pas beaucoup goûté le divertissement scythe du premier acte, qui tient à la fois du moujik et des ébats d'une brigade d'agents des voitures. Vos divertissements guerriers sont, permettez-moi de vous le dire, difficilement réalisables, la musique, comme le rythme, ne contenant pas d'indications bien précises. Soyez sûr que, partout ailleurs, M. Carré a trouvé le cadre qu'il fallait.

» Avec quoi, j'ai l'honneur d'être, Monsieur le chevalier, votre très humble serviteur. »

TABLE DES MATIÈRES.

La tourmente passée, nous reprenons l'édition de nos collections connues sous les titres de *Bibliophiles Fantaisistes* et *To the Happy few*. Après le présent recueil de critiques de Claude Debussy, nous donnerons des ouvrages de MM. René Boylesve, Claude Farrère, Jules Renard, etc.

Pour les bibliophiles qui n'ont pas eu l'opportunité de suivre ces collections, rappelons les titres de ceux déjà publiés, avec les prix auxquels actuellement nous vendons ceux dont il nous reste encore quelques exemplaires disponibles.

Rappelons aussi que tous nos ouvrages sont — ou étaient à l'époque de leur publication — inédits et que, par suite, tous sont des éditions originales.

Paul ACKER. *Portraits de Femmes*	Fr. 10,00
Maurice BARRÈS. *L'Angoisse de Pascal.*	» 20,00
Jacques-E. BLANCHE. *Essais et Portraits.*	» 12,00
Henry BORDEAUX. *Les Amants de Genève.*	» 10,00
Jacques BOULENGER. *Ondine Valmore.*	» 10,00
Marcel BOULENGER. *Nos Elégances.*	» 10,00
Marcel BOULESTIN. *Tableaux de Londres.*	» 10,00
René BOYLESVE. *La Poudre aux Yeux.*	» 15,00
— — *Nymphes dansant avec des Satyres.*	» 25,00
*Alfred CAPUS. *Le Théâtre.*	» 10,00
François DE CUREL. *Le Solitaire de la Lune*	» 12,00
Claude FARRÈRE. *Fin de Turquie*	épuisé.
— — *Trois Hommes et deux Femmes*	épuisé.

Louis LALOY. *Claude Debussy* . . . . épuisé.

*Jules LEMAITRE. *Les Péchés de Sainte-Beuve.* . . . Fr. 20,00

Louis LOVIOT. *Alice Ozy.* . . . . » 10,00

Paul MARGUERITTE. *Nos Tréteaux* . . . . » 10,00

Francis DE MIOMANDRE. *Gazelle : mémoires d'une tortue* » 10,00

*Comtesse DE NOAILLES. *De la Rive d'Europe à la Rive*

    d'Asie . . . . » 12,00

*Pierre DE NOLHAC. *Le dernier amour d' Ronsard.* . . » 10,00

NOZIÈRE. *Trois Pièces galantes* . . . . » 10,00

Henri DE RÉGNIER. *Pour les Mois d'Hiver.* . . . » 12,00

*Camille SAINT-SAËNS. *Au courant de la Vie.* . . . . » 10,00

Louis THOMAS. *Les douze Livres pour Lily* . . . . » 7,50

    —   —   *L'espoir en Dieu.* . . . . » 7,50

    —   —   *L'Esprit de M. de Talleyrand* . . . » 25,00

    —   —   *André Rouveyre.* . . . . » 10,00

* Les titres précédés d'un astérisque appartiennent à la série *To the Happy few* ; les autres, à celle des *Bibliophiles Fantaisistes.* Les uns comme les autres ne furent tirés qu'à 500 exemplaires, plus quelques Japon.

*Achevé d'imprimer
pour la Librairie Dorbon-Aîné,
sur les presses de
l'Imprimerie Bénard, à Liége,
le 30 juin 1921.*

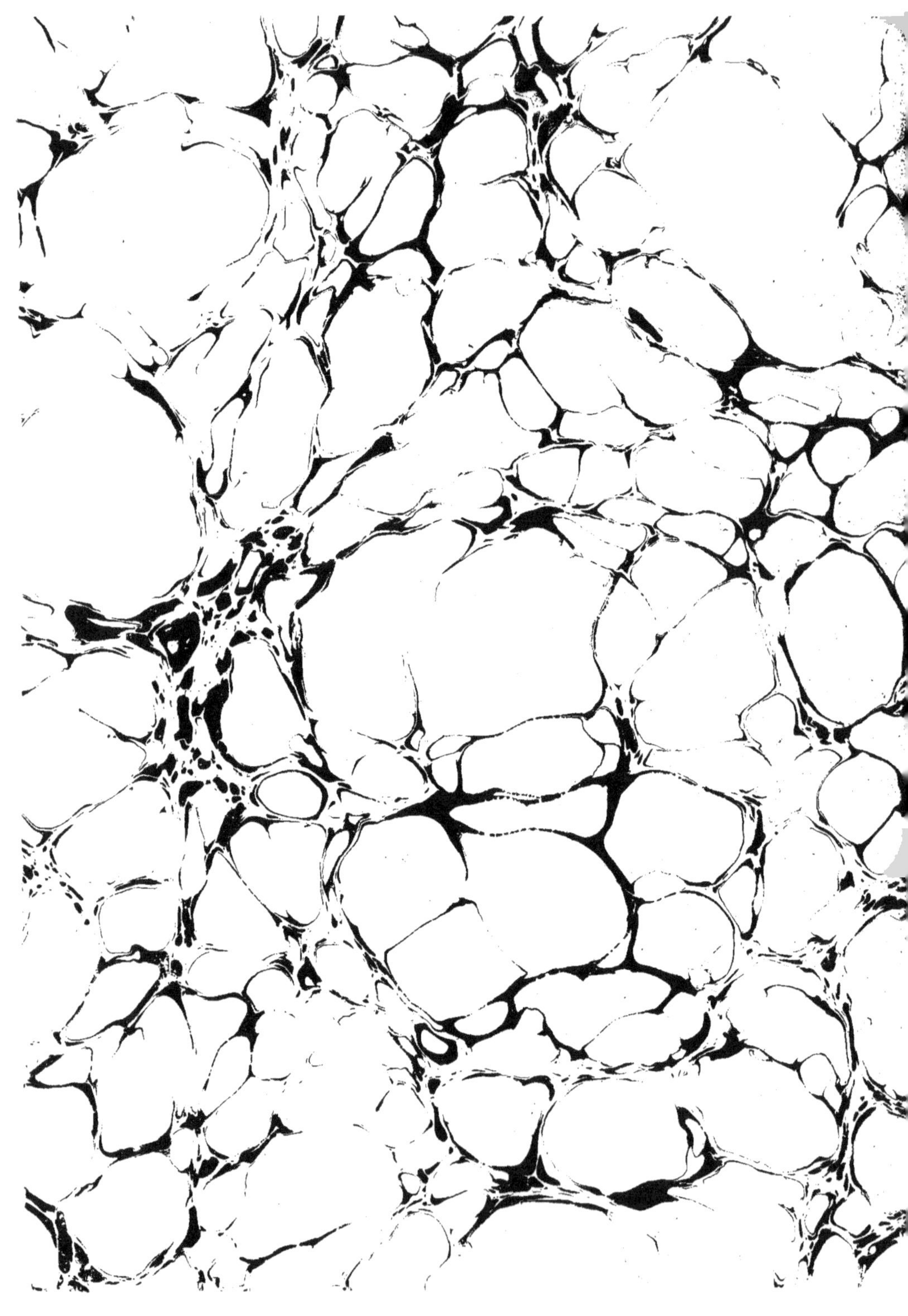

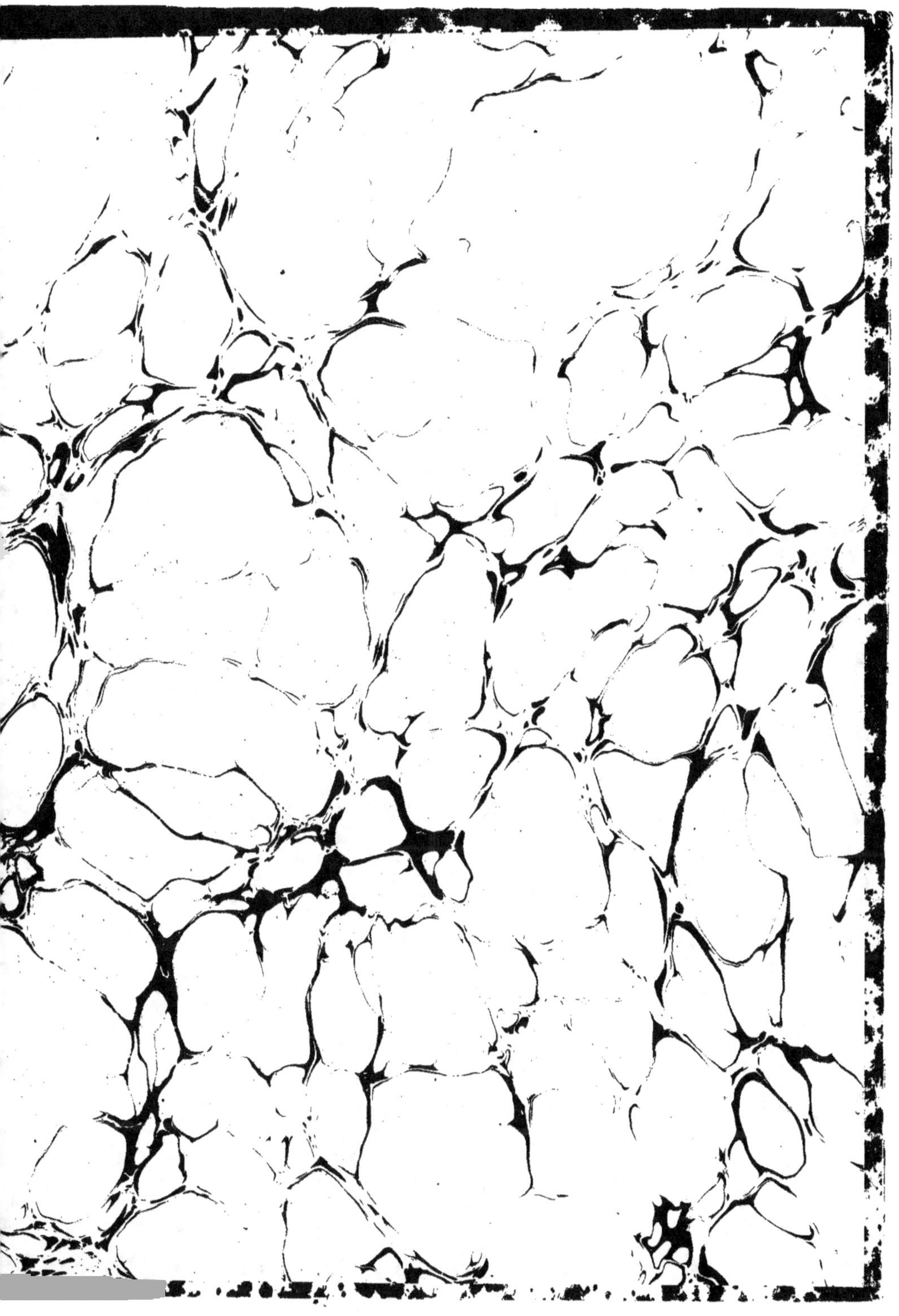

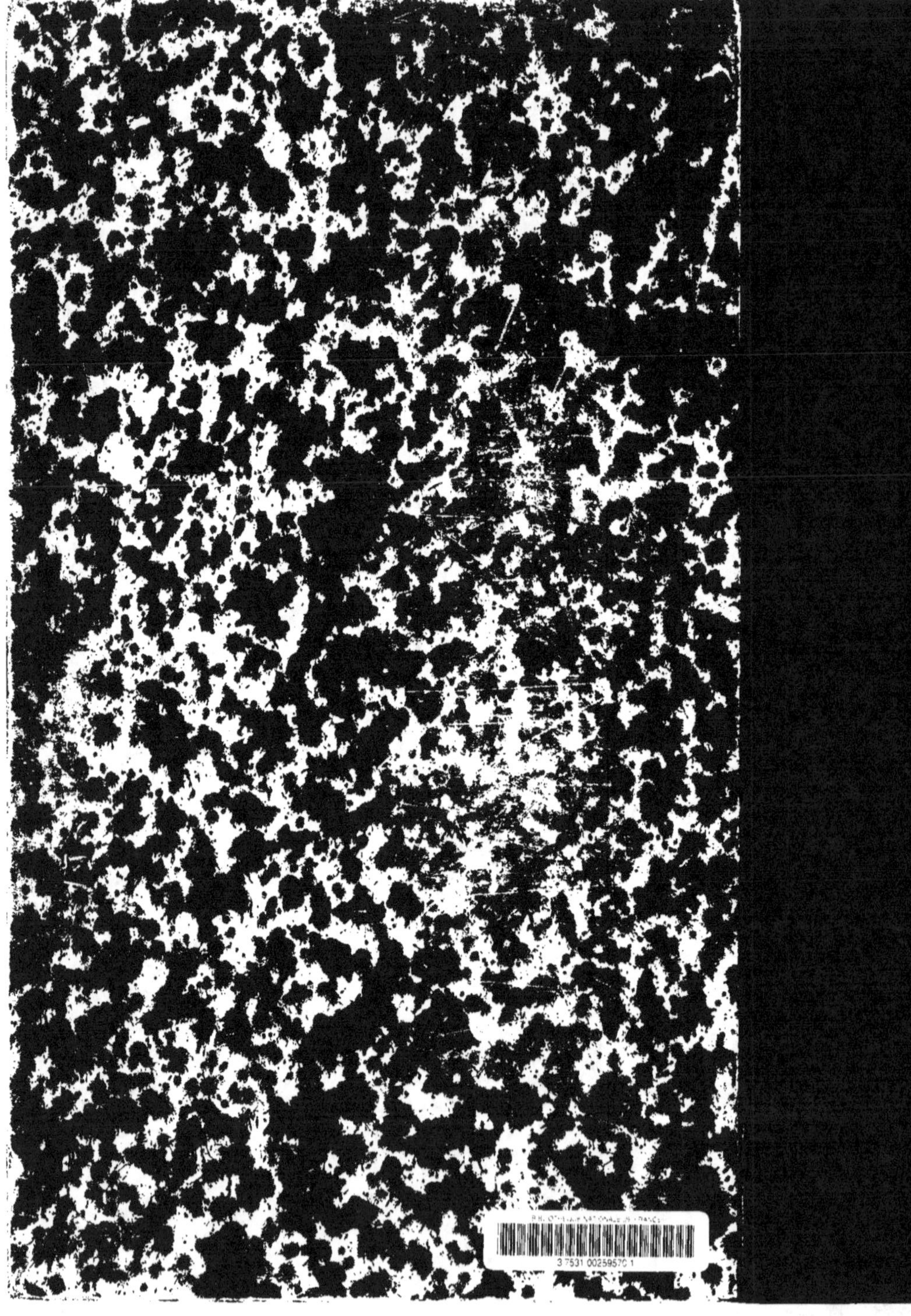

9 782329 792569